Sapere aude!

Das Buch

Sapere aude! (lat.: Wage zu denken!) – diese Aufforderung hatte Immanuel Kant 1784 zum Leitgedanken der Aufklärung erhoben. Wie vor über zweihundert Jahren befinden sich die Menschen auch heute wieder in Unmündigkeit. Weltweit leiden sie unter dem Absolutismus der Ökonomie, unter dem sterilen religiösen Fundamentalismus des Islams und des Vatikans. Die Ziele des Kapitalismus: immer mehr produzieren, konsumieren, Kapital akkumulieren, können nur durch fortschreitende Ausbeutung des Menschen und der Natur erreicht werden. »Auf Vernichtung läufts hinaus«, sagt Mephisto zum faustischen Machbarkeitswahn. Dass der Kapitalismus eine Vernichtungsmaschine ist, dieses Urteil zu fällen ist die Aufgabe der modernen Aufklärung. Es müsste auch die Predigt der Weltreligionen sein, wenn sie denn endlich ihren rückwärtsgewandten Fundamentalismus überwänden.

Doch die Bürger lassen sich nicht mehr alles gefallen. Überall in der Welt zeigen sich Ansätze zum zivilen Widerstand: die arabischen Revolutionen, die Attac-, Occupy- und Ökologie-Bewegung, die Bürgeraufstände in Deutschland und Europa. Eine Revolution von unten ist in Gang gekommen. Dieses Buch zeigt, welche demokratischen Veränderungen nötig und welche konkreten Wege zu einer fortschrittlichen und zugleich humanen Zivilgesellschaft möglich sind.

Der Autor

Dr. Heiner Geißler, geboren 1930, studierte als Mitglied des Jesuitenordens Philosophie und anschließend Rechtswissenschaften. Er war 25 Jahre lang Mitglied des deutschen Bundestages, Landesminister, Bundesminister und Generalsekretär der CDU und gilt als einer der besten politischen Redner der Bundesrepublik. National und international engagiert er sich für die Wahrung der Menschenrechte und die Humanisierung des Globalisierungsprozesses.

Weitere Informationen finden Sie unter: www.heiner-geissler.de

Inhalt

Der islamische Absolutismus

Autoritäre Politik

Der bürgerliche Widerstand

Aufklärung jetzt!

Anmerkungen

Sapere aude –
wage zu denken!

Die Schande des Kapitalismus

Wissen Sie, was ein »ABS« ist? Ein »CDO«? Ein »CDS«? Das müssen Sie eigentlich nicht wissen, aber falls Sie es doch erfahren wollen, finden Sie es im Internet. Was Ihnen dort vielleicht verheimlicht wird: Es sind die Instrumente eines Verbrechens, dessen Opfer Sie möglicherweise geworden sind. Und das ging so: Investmentbanker und Hedgefonds haben einzelne Kredite, gute und schlechte, gesunde und faule wie Hypotheken, Kreditkartenschulden, Studentenkredite und Unternehmensfinanzierungen zu neuen Wertpapieren gebündelt, den sogenannten ABS = Asset Backed Securities und CDOs = Collateralized Debt Obligations, diese zusammengepackt und dann an Dumme auf der ganzen Welt verkauft, vielleicht auch an Sie (*stupid German*). Fast gleichzeitig, noch während der Verkauf lief, platzierten die Banker Versicherungswetten – die eingangs erwähnten CDS = Credit Default Swaps – auf den Zahlungsausfall dieser Papiere, von denen sie ja wussten, dass sie faul waren. Sie konnten also zweimal einen schönen Schnitt machen. Während Sie, wenn Sie zu den Dummen gehörten, Ihr Geld verloren haben. Die Gewinner dieses schmutzigen Spiels waren circa zehn Großbanken, die sich mehr als 90 Prozent dieses Handels mit einem Volumen von über 200 Billionen Dollar teilten.

Andere Frage: Wissen Sie, dass an den Börsen mit den Preisen von Grundnahrungsmitteln wie Getreide, Reis oder Mais spekuliert wird? Steigt der Preis, dann machen die Spekulanten ein gutes Geschäft, aber in den Armutsvierteln von Lateinamerika, in den Favelas und Ranchos können die Eltern für ihre Kinder den Reis nicht mehr bezahlen.

Und eine vorerst letzte Frage: Sind Sie sich im Klaren darüber, dass Sie beim Kauf einer jeden Windel, Schere und Kaffeemaschine Umsatzsteuer bezahlen müssen, die Spekulanten und Devisenhändler ihren täglichen Umsatz von zwei Billionen (2 000 000 000 000) US-Dollar aber mit keinem Cent versteuern müssen? Und können Sie sich vorstellen, dass der amerikanische Supermarktkonzern Wal-Mart in einem Geschäftsjahr mehr Umsatz erwirtschaftet (419 Milliarden Dollar in 2011), als das Bruttonationaleinkommen von Schweden oder Polen beträgt, und es nur noch eine Frage der Zeit ist, wann dieser Konzern das Bruttoinlandsprodukt von ganz Afrika einkassiert?

Das Debakel des Kapitalismus ist inzwischen ausführlich beschrieben und die Billionenschäden der letzten Finanzkrise sind aufgelistet worden. Tausende Firmen wurden in den Abgrund gerissen und die Existenzgrundlagen von Millionen Menschen vernichtet. Die Finanzbranche, oder soll ich sagen die Finanzmafia, setzt aber ihre kriminellen Praktiken fort. Es gibt einen neuen Verbriefungsmarkt. »Es geht wieder was. Banken ziehen Kreditverbriefungen erfolgreich durch«, meldete die »Financial Times« bereits im September 2010, nur zwei Jahre nach der Insolvenz von Lehman Brothers, die die Finanzkrise ausgelöst hatte. Private Equity-Haie wetten und profitieren wie eh und je im trauten Verein mit Goldman Sachs und Deutscher Bank. Die 2009 in Edinburgh von den G-20-Staaten beschlossene und anschließend in Pittsburgh bekräftigte internationale Finanzreform kommt nicht vom Fleck, und das neue Regelsystem für die Banken, Basel III genannt, ist eine Zumutung für die deutschen Genossenschaftsbanken und Sparkassen. Und Europa ist offenbar bereit, eigene Länder pleitegehen zu lassen und die europäische Politik den internationalen Finanzmärkten auszuliefern.

Geld, Geiz und Gier

»Die Welt wird vom Geld geprägt. Geld, Geiz, Gier – das sind die drei großen Konstanten«, sagte Hilmar Kopper, der frühere Chef der Deutschen Bank, im Gespräch mit dem »Spiegel« im Dezember 2011. »Noch nie in der Geschichte der Menschheit war so viel Geld unterwegs wie heute, noch nie konnte damit so schnell gehandelt werden.« Es gehe um »Derivate, Rohstoffhandel, Devisen«, so Kopper, und »es geht immer und überall nur darum, aus Geld mehr Geld zu machen«. Die Devisenmärkte setzen laut »Spiegel« jedes Jahr 1007 Billionen Dollar um. Der Wert aller Güter und Dienstleistungen, die auf der Welt produziert bzw. angeboten und gehandelt werden, beträgt demgegenüber nur 70 Billionen Dollar. Knapp 940 Billionen Dollar Umsatz haben also keine Entsprechung in der realen Wertschöpfung der Menschheit.[1]

Der Kapitalismus ist das Ergebnis eines folgenschweren Denkfehlers und ethischen Verfalls. Er hat nämlich den Sinngehalt der Ökonomie zerstört. Der Begriff Ökonomie leitet sich vom griechischen »oíkos«, das Haus, her und beschrieb ursprünglich, auf welche Art und Weise die Bedürfnisse des Hauses und seiner Bewohner befriedigt werden sollten, wobei man sehr bald unter »Haus« auch die Gemeinde bzw. das Land verstand. Mit Beginn der Industrialisierung wurde dieser Sinngehalt verändert, ja zerstört. Zwar war die Nachfrage der Menschen und der Gemeinde, im weitesten Sinne später auch der Weltgemeinschaft, immer noch Bestandteil der Ökonomie, aber ihr Ziel wurde plötzlich auch die Anhäufung von Reichtum um des Reichtums willen, losgelöst vom »oíkos«. Der Sinn der Wirtschaft und des Geldes wurde grundsätzlich verändert und der Geldbesitz verabsolutiert. Die Akkumulation des Reichtums überschritt alle Grenzen und Schranken, steigerte sich ins Uferlose und verlor jeden Bezug zur realen ökonomischen Wertschöpfung. Diese »Philosophie« wurde zum absolutistischen Diktator der Aktienkurse und Börsenwerte, und das Frühstücksfernsehen der öffentlich-rechtlichen Anstalten sekundierte mit halbstündlicher Hofberichterstattung. Die gesamte Finanzwirtschaft wurde durch dieses Denken in den Abgrund gerissen, und die reale Ökonomie ist nun existentiell gefährdet.

In ihrem neoliberalen Privatisierungs- und Deregulierungswahn hat die Politik die Kontrolle über die Wirtschaft aus der Hand gegeben und den Spekulanten und dem Großkapital einen roten Teppich ausgerollt. Doch der Wohlstand, den man sich davon erhoffte, ist für die meisten Menschen ausgeblieben, wenn er sich nicht gar ins Gegenteil verkehrt hat.

Tatsächlich geht die Schere zwischen Arm und Reich immer weiter auseinander. Während das Armutsrisiko der deutschen Arbeitslosen Hartz IV-bedingt bereits über 70 Prozent beträgt (im Vergleich dazu »nur« 45 Prozent im EU-Durchschnitt, laut EUROSTAT-Zahlen von 2010) und man sie versteckt und offen als »Sozialschmarotzer« verunglimpft, werden Pleitebanken mit Milliarden gerettet und selbst gescheiterten Bankern Pensionen und Boni in Millionenhöhe gezahlt.

Die Bürgerinnen und Bürger haben das Vertrauen in die Politik verloren, weil sie immer mehr den Eindruck bekommen, dass die Politiker sich nicht mehr fürs Gemeinwohl einsetzen können, zu Getriebenen der Finanzmärkte und zu Erfüllungsgehilfen der Kapitalinteressen geworden sind. Für die Sorgen und Nöte der Menschen haben sie kein Verständnis mehr, von Empathie ganz zu schweigen.

Die neuen Absolutismen

In diesen Zeiten der krassen Ungerechtigkeit und existentiellen Verunsicherung bieten auch die Religionen keine wahre Führung an, im Gegenteil: Statt sich dem Evangelium verpflichtet zu fühlen und für eine humanere, gerechtere Gesellschaft lautstark zu kämpfen, verfolgt der Vatikan – die Führung der weltgrößten Glaubensgemeinschaft, der katholischen Kirche – seine eigene autoritäre, rückwärtsgewandte Agenda, und für den Papst sind die gottlosen Menschen gar selbst schuld an ihrem Elend.

Der Vatikan ist die letzte absolute Monarchie in Europa. Der Papst und die Glaubenskongregation legen fest, was die Menschen denken und sagen dürfen, was Sünde ist und wie die Verstöße sanktioniert werden: mit der Androhung von Höllenstrafen, dem Entzug von Priesteramt und Lehrerlaubnis. Dabei sind diese Führer der Katholiken selbst kritikunfähig und zutiefst unglaubwürdig. Sie predigen Armut und Gehorsam, wohnen in Palästen, fahren Luxusautos und verdammen die Priester und Theologen der Befreiung in Lateinamerika, die sich – auch politisch – für die Armen einsetzen.

In den USA streitet die religiöse Rechte, die eine gewichtige Stimme in der Politik hat, für den dortigen Kapitalismus und lehnt den Ausbau des Sozialstaats strikt ab. In Israel wollen ultraorthodoxe Juden die Geschlechterapartheid einführen. Für weite Teile des Islams ist die Aufklärung Teufelswerk, sind die westlichen Werte und unsere Lebensart Ausdruck der Sündhaftigkeit und Dekadenz, und auf der ganzen Welt trachten fanatische, gewaltbereite Islamisten danach, unsere Werte – das Erbe der Aufklärung – zu vernichten.

So befinden sich die Menschen im Jahr 2012 immer noch – oder erneut – in Knechtschaft. Sie leiden auf der ganzen Welt unter dem Absolutismus der Ökonomie, sie leiden unter dem klerikalen Absolutismus der katholischen Amtskirche, dem Absolutismus des aufklärungsresistenten Islam und den autoritären Strukturen der Politik. Und alle diese Herrscher flüstern ihnen ein, die Welt habe so und nicht anders zu sein, Alternativen seien des Teufels. Frauen und Homosexuelle leiden in besonderem Maße, da sie in vielen Staaten und von katholischer Kirche, Islam, fundamentalistischen Christen und ultraorthodoxen Juden auf der ganzen Welt systematisch diskriminiert und entrechtet werden.

Was wir dringend brauchen, ist eine neue Aufklärung, eine Revolution im Denken und Handeln. Benötigt wird die Überzeugung, dass diese menschenunwürdigen Verhältnisse und Strukturen nicht natürlich oder gottgegeben, sondern von Menschen gemacht und veränderbar sind.

Trübe Gewässer

Die drei Formen des modernen Absolutismus – der ökonomische, der islamische, der klerikale – und autoritäre Formen der Politik haben eines gemeinsam: Sie scheuen

Transparenz und Öffentlichkeit, lieben die Hinterzimmer und Dunkelräume von Moscheen, die schalldicht abgeschotteten Vorstandsetagen, die geistigen Verliese und Kapellen des Vatikans, die nichtöffentlichen Sitzungen der Regierungen und die dünnen Informationen all ihrer Pressesprecher.

Der Dichter Christian Schubart hat im Gefängnis des despotischen württembergischen Herzogs Carl Eugen das Lied von der Forelle geschrieben, eine ätzende Parabel der Unterdrückungsherrschaft dieses Herzogs, vor der schon Friedrich Schiller geflohen war:

In einem Bächlein helle, da schoss in froher Eil
die launische Forelle vorüber wie ein Pfeil.

Ich stand an dem Gestade und sah in süßer Ruh
des muntern Fischleins Bade im klaren Bächlein zu.

Ein Fischer mit der Rute wohl an dem Ufer stand,
und sah's mit kaltem Blute, wie sich das Fischlein wand.

So lang dem Wasser Helle, so dacht ich, nicht gebricht,
so fängt er die Forelle mit seiner Angel nicht.

Doch endlich ward dem Diebe die Zeit zu lang. Er macht
das Bächlein tückisch trübe, und eh ich es gedacht,

So zuckte seine Rute, das Fischlein zappelt dran,
und ich mit regem Blute sah die Betrogene an.

In trüben Gewässern lässt sich leichter fischen, das wissen eben nicht nur Hobbyangler, sondern auch die Mächtigen und Herrschenden, sagt der Wormser Professor Max Otte, der als Erster und fast Einziger in seinem Buch »Der Crash kommt« den Zusammenbruch des Finanzsystems vorausgesagt hat. »Verschleiern, falsche Angaben machen, mit positiven, aber nichtigen Botschaften von gravierenden negativen Sachverhalten ablenken, gezielt täuschen, irritieren, verdunkeln und verblenden, übertünchen und übertönen[2]«, das gehört zum Desinformationsarsenal nicht nur der Finanzwirtschaft. Die Aufklärung ist heute so dringlich wie vor 250 Jahren.

Die unvollendete Aufklärung

Vor 250 Jahren begann in Europa der Prozess der Aufklärung. Zu schlimm waren die Exzesse, die sich das feudalistische System, die Könige und Fürsten, der Adel sowie die kirchlichen Würdenträger leisteten. Schlösser, Paläste, Barockkirchen, Kriege und Hochzeiten verschlangen Unsummen, während die überwiegende Mehrheit der Menschen in bitterer Armut lebte. Freidenker und Dichter wie Schiller oder Schubart wurden verfolgt, die Rede- und Meinungsfreiheit war eingeschränkt oder gar nicht erst gegeben.

Die Aufklärer von damals wollten diesen Komplex des Feudalismus zerschlagen, die Macht zerstören, die aus der Einheit von Adel, Kirche, Grundbesitz und damit Geld resultierte, die Menschen befreien von dem Glauben, die ständische Ordnung und die ungleiche Verteilung von Macht und Reichtum seien gottgegeben. Auch die Emanzipation der Frauen hat hier ihren Anfang: Aufklärerinnen wie Olympe de Gouges oder Mary Wollstonecraft forderten die Grund- und Menschenrechte für Frauen ein, akzeptierten nicht, dass diese auf ewig dazu verdammt sein sollten, als Sklavinnen einer von Männern geschaffenen Werteordnung zu leben und nicht sich selbst, sondern einem Mann zu gehören.

In weiten Teilen der Welt hat es diese Aufklärung nie gegeben. Sie ist selbst in Europa und den USA bis heute unvollendet geblieben, und in den vergangenen Jahren verstärkt sich der Eindruck, dass ihre Errungenschaften zurückgedrängt werden. Neue Dämonen legen nun die Menschen an die Kette.

Was heißt Aufklärung?

Nach unserem größten Philosophen Immanuel Kant ist »Aufklärung (…) der Ausgang des Menschen aus seiner selbstverschuldeten Unmündigkeit. Unmündigkeit ist das Unvermögen, sich seines Verstandes ohne Leitung eines anderen zu bedienen. Selbstverschuldet ist diese Unmündigkeit, wenn die Ursache derselben nicht am Mangel des Verstandes, sondern der Entschließung und des Mutes liegt, sich seiner ohne Leitung eines anderen zu bedienen. Sapere aude! – zu Deutsch: Wage zu denken! – ist also der Wahlspruch der Aufklärung.«[3]

Leben wir in der heutigen Zeit als aufgeklärte Menschen in einer aufgeklärten Gesellschaft? Sind wir in der Lage, selbständig zu denken, unabhängig zu urteilen, die komplexen Zusammenhänge zu erkennen? Haben wir die Entschlusskraft und den Mut, unseren Verstand souverän und autonom zu gebrauchen? Alle diese Fragen, die Kant an die Aufklärung stellte, müssen wir mit Nein beantworten.

Obwohl wir in einer Welt des Internet leben mit über einer Billion Webseiten, mit globalen sozialen Netzwerken wie Facebook oder Twitter, mit 25 Millionen gespeicherten, online abrufbaren Büchern und 22 Milliarden Zeitungsseiten sowie Bildern und Informationen von weltweit 15 000 Fernsehkanälen, die uns zur Verfügung stehen Tag für Tag. Mehr Information geht doch eigentlich gar nicht. Aber sind die Menschen dadurch aufgeklärter, wissen sie, was sie eigentlich wissen müssten? Für sich, für ihre Familie, für ihren Beruf, für ein gesundes und sicheres Leben?

Im hochtechnologisierten, vom Atomstrom abhängigen Japan ahnte keiner, dass die Atommeiler nicht ausreichend gegen starke Erdbeben und Tsunamis gesichert waren.

Den Küstenbewohnern im Golf von Mexiko war nicht klar, dass hier Erdölplattformen gegen alle Sicherheitsvorschriften gebaut werden konnten.

Die Eltern in China hätten es nicht im Traum für

möglich gehalten, dass die Kontrollen für Säuglingsnahrung derart lasch sind, dass das Milchpulver für ihre Babys mit Melamin vergiftet werden und in den Verkauf gelangen konnte. Und dass ihre Regierung diesen Riesenskandal auch noch vertuschen würde und erst reagierte, als Neuseeland verseuchte Milchchargen aus China anprangerte.

Wissen die Musliminnen, dass ihre Diskriminierung nicht naturgegeben und nicht Allahs Wille ist? Und begreifen die hundert Millionen beschnittenen Frauen, dass die Barbarei, die man ihnen angetan hat, nicht von einem Gott verlangt wird, sondern den Fieberphantasien sexuell pervertierter arabischer und afrikanischer Männer entsprungen ist?

Verstehen die Deutschen, die sparen wie die Verrückten, in welches Kartenhaus des gerade gescheiterten Finanzkapitalismus sie ihre Vermögen gesteckt haben? Wie vielen von ihnen haben die Banken die Risiken erklärt, die sie eingegangen sind, indem sie ihr Geld den Geldinstituten anvertrauten?

Mit dem Ring in der Nase

In tiefer Unmündigkeit lassen sich die Menschen auf allen Kontinenten mit einem Ring in der Nase durch die Manege führen. Der Ring ist da mal kleiner, dort mal größer, je nachdem, in welcher Manege sie sich befinden, ob in der iranischen, in der europäischen oder in der chinesischen, wie sie leben und wer die Dompteure sind. Und dort, wo das Wissen und die Fähigkeit zu denken vorhanden sind, die Unmündigkeit also nicht im mangelnden Verstand begründet ist, fehlt den Gescheiten, den Wissenden oft der Mut und die Entschlusskraft, den Dompteuren zu widersprechen. Das »sapere aude« – wage, deinen Verstand zu gebrauchen – ist oft nicht erwünscht, weder in den Parteien noch in den Unternehmen, den Behörden oder den Banken, weder bei der Tea-Party noch im Vatikan, im Iran oder in China. Die meisten Menschen haben sich in ihr Schicksal gefügt und resigniert. Doch inzwischen mehren sich die Anzeichen, dass sie aus ihrer Ohnmacht erwachen.

Die Dompteure stammen wie eh und je aus einer bestimmten Klasse. Sie herrschen im Bereich der Finanzindustrie, in den Ministerien oder im klerikal-fundamentalistischen Raum und sind meist eng vernetzt. Ihnen stehen das Geld und die Medien zur Verfügung, um das Denken der Menschen zu manipulieren, in die von ihnen gewünschten Bahnen zu lenken, und Andersdenkende zu diffamieren und auszugrenzen.

Kritik der Vernunft

Doch was heißt Vernunft? Die kühl kalkulierende, rationalistische Vernunft kann doch nicht gemeint sein. Unter rein ökonomischen Gesichtspunkten wäre es ja durchaus vernünftig, einen Verletzten, der nichts oder nur wenig bezahlen kann, nicht zu behandeln oder Asylsuchende abzuweisen, weil sie hier nur Geld kosten. Man könnte dann auch argumentieren, es sei hinausgeworfenes Geld, 85- oder 90-Jährigen noch ein künstliches Hüftgelenk einzusetzen, und dafür plädieren, Nierenkranken den Dialyseapparat abzuschalten, sobald sie eine bestimmte Altersgrenze überschritten haben, wie das heute schon in England der Fall ist. Aus einer solchen Sicht wäre es zudem durchaus vernünftig, Embryonen zu Forschungszwecken und Demenzkranke für medizinische Versuche zu verwenden. Und es wäre auch nicht zu kritisieren, dass man in Indien vorwiegend weibliche Embryonen abtreibt, wo doch Töchter dort später teuer verheiratet werden müssen und – anders als Söhne – die Eltern im Alter nicht unterstützen können. Aber die Empirie zeigt, dass die so vergewaltigte Vernunft im Ergebnis zur Unvernunft wird.

Diese Überlegungen machen deutlich, dass die Vernunft der Aufklärung eine Symbiose bildet mit der Achtung der Menschenwürde. Doch eine solche aufgeklärte Vernunft ist nicht selbstverständlich, sondern muss immer wieder aufs Neue verteidigt und durchgesetzt werden.

Während der Französischen Revolution wurde die Vernunft als neue Göttin angebetet, aber schon nach dem Jakobinerterror begannen viele, sie als Wegweiser oder gar als Richterin infrage zu stellen.

Georg Wilhelm Friedrich Hegel kritisierte die angebliche Negation des Glaubens durch die Vernunft, denn der wahre Glaube verbinde die Welt der Herzen und die Welt der Erfahrung zu einer einheitlichen religiösen Weltdeutung. Durch ihre Negation des Glaubens sei die Aufklärung in die »absolute Freiheit« ohne Orientierung und Ordnung abgeglitten. Das Ergebnis sei der Terror Robespierres gewesen.[4]

Friedrich Nietzsche wollte auf der anderen Seite die Aufklärung radikalisieren. Wenn selbst Wahrheit und Moral keine festen Werte mehr darstellten, sei der Nihilismus das folgerichtige Ergebnis.

Karl Marx und Friedrich Engels wiederum kamen zu dem Schluss, dass das Vernunftdenken nicht den ewigen Frieden gebracht, sondern endlose Eroberungskriege provoziert habe. Der Gegensatz von Arm und Reich sei verschärft worden, die Freiheit des Eigentums sei zur Freiheit des Großkapitals und des Großgrundbesitzes degeneriert.[5]

Max Weber kritisierte, die Aufklärung habe die Gewissheit vermittelt, dass es für die menschliche Erkenntnis keine Grenzen, prinzipiell keine geheimnisvollen Mächte gebe, sondern alle Dinge durch Berechnen beherrscht werden könnten. Diese Rationalisierung und Intellektualisierung bedeute eine Entzauberung der Welt.[6]

Die Kritik von Max Horkheimer und Theodor W. Adorno richtete sich gegen den Instrumentalisierungscharakter der Vernunft: »Die Aufklärung verhält sich zu den Dingen wie der Diktator zu den Menschen. Er kennt sie, insofern er sie manipulieren kann.«[7]

Wenigstens Jürgen Habermas kann der Aufklärung Positives abgewinnen. Sie habe die kritische öffentliche Meinung hervorgebracht, die sich in der Folge zu einer neuen Institution entwickelt habe, die Politik und Macht Grenzen setze und damit eine unverzichtbare Stütze der Demokratie geworden sei. Anfangs auf einen kleinen Kreis beschränkt, handele es sich dabei heutzutage durch die modernen Medien um ein Massenphänomen.[8]

Verstand und Glaube

Neben den Philosophen haben vor allem auch der Lauf der Geschichte selbst, insbesondere die Unmenschlichkeit der beiden Weltkriege, die Massenvernichtung der Juden und andere Genozide, sowie die Entdeckung des Unbewussten in der Psychoanalyse das aufklärerische Menschenbild infrage gestellt. Hinzu kommt: Der Verstand kann nicht alles fassen, was für den Menschen wichtig ist. Ob man geliebt wird oder nicht, ist für den Menschen oft eine existentielle Frage. Für die ganze Welt sind wir irgendjemand, aber für irgendjemanden sind wir die ganze Welt. So wünschen wir es jedenfalls und hätten es gerne. Ob dieser Satz für unser eigenes Leben stimmt, treibt uns mehr um als die Gesetze der Physik. Da diese Erfahrungen den Verstand übersteigen, er also nicht alles erfasst, was existiert, ist es vernünftig, anzuerkennen, dass es einen Raum gibt für Gefühl und Glauben und damit auch für die Religion.

Aber auch andere, man könnte sagen, negative Gefühle und Glaubensinhalte übersteigen den Verstand. Nehmen wir zum Beispiel eine Verhaltensweise der Menschen, die als völlig unvernünftig angesehen werden kann, die sich aber Tag für Tag auf diesem Globus ereignet. In jeder Minute unseres Lebens befinden sich unzählige Menschen in tiefstem Unglück. Sie werden gequält, gefoltert und getötet. Könnten wir sie gleichzeitig hören, würden ihre Schreie alles Leben auslöschen. Stellen wir einmal die Frage hintan, warum Gott so etwas zulässt. Vielleicht gibt es ihn gar nicht, dann hat die Frage ohnehin keinen Sinn. Aber fest steht, dass es Menschen waren, die Millionen Juden vergast, das Volk der Armenier brutal umgebracht und am Weihnachtsfeiertag 2011 in Nigeria Bombenanschläge auf katholische Kirchen mit vielen Toten verübt haben. Menschen, die offenbar in ihrem Hass gegen »Andersartige« diese Verbrechen begingen und immer noch begehen.[9]

»Der heilige Hass«

Wie lässt sich dieser Hass erklären? Woher speiste sich beispielsweise der nationale Hass zwischen Deutschen und Franzosen im vorletzten Jahrhundert? Der deutsche Dichter Ernst Moritz Arndt schrieb 1813, nachdem Napoleon Deutschland besetzt hatte, in seiner Schrift »Über Volkshaß und über den Gebrauch einer fremden Sprache«: »Ich will den Haß, festen und bleibenden Haß der Teutschen gegen die Welschen, (…) brennenden und blutigen Haß, (…) ich will ihn für lange Zeit, ich will ihn für immer. (…) Dieser Haß glühe als die Religion des teutschen Volkes, als ein heiliger Wahn in allen Herzen (…).«

Ein Wahnsinn, so würden wir heute sagen. Aber knapp 60 Jahre später, 1871, hatte dieser Hass dazu geführt, dass die Preußen und in ihrem Gefolge die geistig beschränkten Fürsten des Dichter- und Denkerlandes, allerdings ohne die Österreicher, über die Franzosen herfielen und im Spiegelsaal des Versailler Schlosses das kleindeutsche Kaiserreich ausriefen – eine Missgeburt der Geschichte. Als Antwort darauf schrieb der französische Dichter Paul de Saint-Victor: »Wenn wir (…) wollen, dass es (Frankreich) von neuem zu seiner ganzen Größe gelangt, dann müssen wir schnell diesen unmittelbaren, lebendigen, wirklichen Haß in unsere Seelen zurückkehren lassen. Nähren wir ihn dort wie ein heiliges Feuer.«[10]

Aus diesen Hassorgien der Eliten beider Völker und der geschichtlichen Dummheit der deutschen Fürsten und Gelehrten entstand der Erste Weltkrieg. Und in seiner Folge kam es zur schlimmsten Katastrophe, die die Weltgeschichte bis dahin erlebt hatte: der Zweite Weltkrieg mit 56 Millionen Toten und dem millionenfachen Massenmord an den Juden durch die Nationalsozialisten.

Doch noch in der zweiten Hälfte des letzten Jahrhunderts wurde dieser nationale Hass durch die deutschfranzösische Freundschaft und die europäische Einigung überwunden. Wie konnte das geschehen? Beide Völker hatten aus eigener leidvoller Erfahrung – der Empirismus ist eine der wichtigsten Denkströmungen der Aufklärung – gelernt, dass der Hass sie selber vernichtet, und fügten sich in eine Rechtsordnung und in ein Staatenbündnis gleichberechtigter Bürgerinnen und Bürger.

Freiheit, die ich meine

Mit der Vernunft verhält es sich ähnlich wie mit der Technik. Der langjährige Vorstandsvorsitzende von Bayer, Kurt Hansen, erläuterte in einem Vortrag, dass die Ammoniaksynthese die chemische Grundlage sei für die Salpetersäure. Mit der Salpetersäure könne man Düngemittel herstellen und dadurch Hungersnöte bekämpfen oder aber durch Überdüngung die Böden zerstören. Die Salpetersäure sei darüber hinaus Grundlage für die Produktion von Sprengstoff. Mit Sprengstoff könne man Tunnels und Straßen freisprengen, aber auch Bomben bauen, um damit Menschen zu töten. Das Fazit: Nicht die Technik ist gut oder schlecht, sondern immer das, was der Mensch daraus macht.

Es geht also um die aufklärerische Vernunft, die sich ethische Maßstäbe setzt und sich untrennbar mit ihnen verbindet. Anders könnten wir die Fehler und Verbrechen der modernen Absolutismen nicht als Fehler und Verbrechen erkennen. Aus der Aufklärung sind die modernen Verfassungen entstanden, allen voran die amerikanische, die der staatlichen Gewalt moralische und rechtliche Grenzen setzen. Alle wahrhaft demokratischen Verfassungen erkennen an, dass gewisse unveräußerliche Rechte existieren, die sich aus dem Grundsatz der Gleichheit – »all men are created equal« – ergeben und die kein Staat seinen Bürgerinnen und Bürgern vorenthalten darf.

Nach der Machtübernahme der Nazis 1933 ist Max von Schenkendorfs Vers von 1830 – »Freiheit, die ich meine« – im Untergrund weitergedichtet worden: »Welche meinst Du, sprich: Deine oder meine, darum dreht es sich.« Es darf keine Freiheit für die Zerstörer der Freiheit und für die fundamentalistischen Gruppen geben, die die elementaren Menschenrechte nicht anerkennen oder gottesstaatliche bzw. rechtsradikale Strukturen und Parallelgesellschaften etablieren wollen.

Wir können also festhalten, dass nur derjenige religiöse Glaube mit der menschlichen Vernunft vereinbar ist, der die Würde jedes Menschen achtet, unabhängig von Herkunft, Geschlecht, Religion, Sexualität, Leistungsfähigkeit und Alter und der den gesicherten Erkenntnissen der Naturwissenschaften nicht widerspricht.

Die Kategorisierung der Menschen hat zu den schlimmsten Verbrechen und den größten politischen Fehlentscheidungen der Menschheitsgeschichte geführt. Wenn die Leute in der Vergangenheit das Pech hatten und bis in die Gegenwart das Pech haben, der falschen Klasse, Rasse, Nation, Religion oder dem falschen Geschlecht anzugehören, wurden sie zumindest diskriminiert, wenn nicht sogar gefoltert oder ganz liquidiert.

Wir lernen also aus leidvoller Erfahrung bzw. empirischer Erkenntnis, dass die Loslösung der Vernunft von der Ethik und der menschlichen Würde die Ursache ist für die furchtbarsten Verbrechen in Vergangenheit und Gegenwart. Mehr als die Hälfte der Weltbevölkerung wurde allerdings nie darüber aufgeklärt, dass nur die ungeteilte Anerkennung der menschlichen Würde das friedliche und freiheitliche Zusammenleben der Menschen ermöglicht, unabhängig davon, ob es sich um Frauen oder Männer handelt, ob um Junge oder Alte, Kranke oder Gesunde, Homosexuelle oder Heterosexuelle, voll Leistungsfähige oder Behinderte, ob Deutsche oder Ausländer, Weiße oder Schwarze, Christen, Muslime oder Juden.

Vernunft des Herzens

Stellen wir also alle Begriffe und Parolen, die die Politik uns verkaufen will, kritisch vor den Richterstuhl der Vernunft. Nehmen wir als Beispiel die Parole: »Sozial ist, was Arbeit schafft«, ein schöner, aber sehr dummer Satz. Denn Sklavenarbeit ist auch Arbeit. Es kommt doch darauf an, dass die Arbeit menschenwürdig ist und dass die Menschen davon leben können. Es ist eine Schande für unsere Nation, dass sogar immer mehr sozialversicherungspflichtig Beschäftigte genau dies nicht mehr können und ihr Gehalt vom Arbeitsamt auf Hartz-IV-Niveau aufstocken lassen müssen.

Die Solidarität mit den schwachen und hilfebedürftigen Menschen in unserem Land ist ständigen Belastungen ausgesetzt. Dabei verschafft uns die Empirie die unbestreitbare Erkenntnis: Der Mensch ist ein Sozialwesen, das nicht ohne andere leben kann. Diese Eigenschaft ist existentiell für den Menschen und hat zur Konsequenz, dass wir einander helfen müssen.

Solidarität ist keine altmodische Gefühlsduselei, platonische Angelegenheit oder Gesinnungsakrobatik, sondern die menschliche Pflicht, denen beizustehen, die in Not sind. Das ist Aufklärung auch im Geiste des Evangeliums. Vernunft im Sinne der Aufklärung hat die Achtung der Menschenwürde und die Verpflichtung zum Inhalt, seinen Nächsten zu helfen. Mit anderen Worten: Es gibt auch eine Vernunft des Herzens, die vor allem Frauen in die Lage versetzt, dort richtig zu handeln, wo die kalte Rationalität der Männer scheitert.

Aber wie können wir zu einer breiten Basis der Solidarität in unserer Gesellschaft zurückfinden? Der griechische Gesetzgeber Solon hat auf die Frage, wie man Unrecht verhindere, man könnte auch sagen, wie man Gerechtigkeit herstelle, mit dem einfachen Satz geantwortet: »… indem sich die Nichtbetroffenen ebenso betroffen fühlen wie die Geschädigten«.

Der ökonomische Absolutismus

Die Fischer des Kapitalismus

Heute sind fast alle Wirtschaftsteile der Zeitungen, Wirtschaftsmagazine des Fernsehens und Wirtschaftswissenschaftler Komplizen der Dompteure geworden: Warum hat keiner die Finanzkrise vorausgesehen? Voraussehen wollen? Fast so schlimm wie die Finanzkrise ist die Krise der Wirtschaftswissenschaften, deren Vertreter mit wenigen Ausnahmen jede Autorität verloren haben. Diejenigen Wissenschaftler und Journalisten, die das jetzige Wirtschaftssystem seit Jahren öffentlichkeitswirksam gepriesen haben, entpuppen sich heute als ahnungslose, aber nützliche Werkzeuge der Finanzindustrie. Sie sind die kaltblütigen Angler des Kapitalismus, die das kritische öffentliche Bewusstsein so trübten, dass Millionen Menschen betrogen werden konnten.

Der Schaden, den die Wirtschaftswissenschaftler – von Milton Friedman oder Friedrich von Hayek bis zu Herbert Giersch und anderen Hochschullehrern – in den letzten Jahrzehnten angerichtet haben, ist enorm und wird uns noch lange verfolgen. Der Sozialstaat: ein Monster! Sozialer Wohnungsbau, Mindestlohn, gesetzliche Rente: absurd! Für den Staat nur noch die Polizei. Alles andere regelt der Markt, wie die Wochenzeitung

»Die Zeit« einmal Friedmans Vision zusammenfasste.[11] Selbst die Gefängnisse sollen privatisiert werden. Ungeachtet der Absurdität dieser Thesen hat ihr Erfinder, der Nobelpreisträger Friedman, über drei Jahrzehnte die Wirtschaftspolitik der westlichen Staaten bestimmt. Doch der von ihm propagierte Neoliberalismus konnte keine Arbeitsplätze schaffen, sondern bescherte uns wachsende Massenarbeitslosigkeit. Auch die Zerstörung der Industrielandschaft Ostdeutschlands durch die Treuhand haben wir dieser Ideologie zu verdanken. Die Nachfolgeorganisation der SED ist deswegen heute noch eine Volkspartei. Doch die Anhänger des Neoliberalismus halten weiterhin ihre »durch falsch dichtende Einbildungskraft selbstgemachte(n) Vorstellungen für Wahrnehmungen«. So hat Kant den Wahnsinn definiert.[12]

Aber diese Verrücktheit hatte Methode. Die Mächtigen, allen voran die englische Premierministerin Margaret Thatcher, haben gnadenlos dereguliert, haben Bildungs-, Verkehrs- und Gesundheitswesen, Energieunternehmen, Telekom und Post privatisiert und den Sozialstaat radikal beschnitten, alles angeblich in unser aller Interesse zur Mehrung des allgemeinen Wohlstands. Tatsächlich hat dieser Neoliberalismus vor allem die Reichen noch reicher gemacht. Der Mittelstand muss heute härter denn je um den Erhalt seines Status kämpfen.

Jetzt herrscht die Finanzkrise, und die Guthaben der Kleinanleger wurden in großem Maßstab vernichtet. Aber die Spekulationsgewinner werden nicht in die Pflicht genommen, um die Folgen abzufedern, und die

Verursacher für die Schäden, die sie angerichtet haben, nicht haftbar gemacht. Vielmehr wurden die Verluste kollektiviert und mussten von der Gemeinschaft aller Steuerzahler in Rettungspaketen aufgefangen werden. Statt sich der wahrhaft Bedürftigen anzunehmen, subventioniert die Gesellschaft so auf Umwegen die Superreichen.

Offene Fragen

Warum sagt denn keiner laut genug, dass die Finanzmärkte und Wirtschaftsinteressen die Welt buchstäblich von den Füßen auf den Kopf stellen? Wie ist es möglich, dass eine kleine Automobilfirma wie Porsche durch Spekulation an der Börse so viel Geld – das Vierfache ihrer Sportwagenverkaufserlöse – verdienen konnte, dass sie glaubte, den größten Autokonzern der Welt, nämlich VW, aufkaufen zu können?

Warum haben die Profitinteressen der Unternehmen immer wieder Vorrang vor der Sicherheit und Gesundheit der Menschen und dem Erhalt einer sauberen, lebenswerten Umwelt? Warum konnten Erdölplattformen gegen alle Sicherheitsvorschriften gebaut werden, warum mussten in Chile 33 Bergleute 69 Tage lang 700 Meter unter der Erde um ihr Leben zittern in einem Bergwerk, das aus Sicherheitsgründen längst hätte geschlossen werden müssen? Wieso gab es in Fukushima zu geringe Sicherheitsstandards?

Wissen die Menschen, welche Interessen dem Bau des Großflughafens Berlin-Schönefeld zugrunde liegen? Wer verdient am Schifffahrtsausbau der Donau zwischen Kehlheim und Passau, mit dem die Zerstörung einmaliger Uferlandschaften und Naturschutzgebiete einhergeht? Die Reeder in Amsterdam oder die niederbayerische Bevölkerung? Warum werden bei notwendigen neuen Stromtrassen in den Planfeststellungsverfahren keine Alternativen diskutiert? Welche Idee lag der gigantomanischen, mit brutalen Eingriffen in das Erdreich verbundenen Quer- und Tieferlegung des Stuttgarter Hauptbahnhofs zugrunde?

»Und auf Vernichtung läuft's hinaus«: Der faustische Machbarkeitswahn

Goethe ginge heute auf die Barrikaden, meinte der Schriftsteller John le Carré in einer Rede, die in der »Frankfurter Allgemeinen Zeitung« zu lesen war.[13] Im »Faust II« schildert Goethe – in vorausschauend kritischer Analyse – den Unternehmer, dessen höchstes Ziel es ist, mit neuer Technologie einen riesigen Kanal zu bauen, um die Herrschaft über die Natur zu erringen: »Menschenopfer mussten bluten, nachts erscholl des Jammers Qual, meerab flossen Feuergluten, morgens war es ein Kanal.«

Das Zuhause und die Umgebung der dort wohnenden Menschen, dargestellt in den griechischen Gestalten

Philemon und Baucis, fallen der mörderischen Technik zum Opfer: »Funkenblicke seh' ich sprühen, durch der Linden Doppelnacht, immer stärker wühlt' ein Glühen, von der Zugluft angefacht. Ach! Die inn're Hütte lodert, die bemoost und feucht gestanden; schnelle Hilfe wird gefordert, keine Rettung ist vorhanden. (…) aus der wild entbrannten Hölle züngelnd lichte Blitze steigen (…).«

Faust ergötzt sich am »Geklirr der Spaten«, aus Freude über die Macht der Technik, die den Wellen ihre Grenzen gesetzt und das Meer mit strengem Band umzogen hat. Aber das Klirren, das der blinde Faust auf dem Höhepunkt seiner Allmachtsphantasie hört, stammt von den Spaten, mit denen die Arbeiter bereits sein Grab schaufeln. Und Mephisto kommentiert die Katastrophe: »Die Elemente sind mit uns (den Teufeln) verschworen, und auf Vernichtung läuft's hinaus.«

Inzwischen ist die wissenschaftliche, technische, politische und ökonomische Elite der Menschheit diesem faustischen Machbarkeitswahn in vielfacher Hinsicht erlegen, und selbst dort, wo das Machbare sinnvoll hätte sein können, wurde es durch die Gier nach Geld zum Verhängnis für Millionen von Menschen. Erdöltransporte in gigantischen Rostlauben, schlecht gesicherte Kernkraftwerke, das Überfischen der Meere, tausend Tonnen Treibhausgase pro Sekunde, das Abholzen der Tropenwälder: eine höchst unvollständige Liste der vermeidbaren Sünden des Kapitalismus. Die mangelnde medizinische Ausstattung vieler Krankenhäuser, fehlende Sicherheitsstandards im Flugverkehr, auf den Straßen, beim Automobilbau und auf der Schiene, denen Hunderte und Tausende von Menschen zum Opfer fallen können, haben ebenfalls ihre Ursache in dem kompromisslosen Streben der Verantwortlichen in Politik, Wirtschaft und Finanzindustrie, auf Kosten der Menschen Geld zu akkumulieren.

Zur Schreckensbilanz des Kapitalismus gehört auch die Zerstörung unserer Lebensgrundlagen auf diesem Planeten. Luft, Land und Wasser sind bedroht. Man schätzt, dass bereits die Hälfte der Regenwälder – die grüne Lunge der Erde und der Hort der größten Artenvielfalt – abgeholzt wurde. Ebenso dramatisch ist die gnadenlose Überfischung der Meere. Ein Drittel aller fruchtbaren Ackerflächen ist von Degradierung (durch Überbauung oder Erosion, Versalzung und Verdichtung) betroffen[14] – laut der Food and Agriculture Organization der Vereinten Nationen (FAO) verschwinden jährlich zwischen 5 und 10 Millionen Hektar Boden, die 25 Millionen Menschen ernähren könnten[15]. Die weltweite Belastung des Grundwassers nimmt zu, und weil in den bevölkerungsreichen, ariden Ländern meist große Konzerne die Hand auf den Süßwasserquellen haben und eine entsprechende Preispolitik betreiben, wird die Trinkwasserversorgung der armen Menschen dort zunehmend problematisch. Und auch unter den Folgen des Klimawandels, der durch die CO_2-Emissionen vor allem der Industrieländer verursacht wird, leiden in erster Linie die Menschen in den Entwicklungsländern.

Die Neue Soziale Frage

Nun könnte man ja annehmen, dass sich in den letzten eineinhalb Jahrhunderten die wirtschaftliche Vernunft, wie sie die ökonomischen Aufklärer Karl Marx und Friedrich Engels im »Kommunistischen Manifest« gefordert und die Arbeiterbewegung und ihre politischen Vertreter verwirklicht hatten, in der Arbeitswelt für immer durchgesetzt hätte. Aber die alte soziale Frage, die Arbeiterfrage, ist mittlerweile mit Zeit- und Leiharbeit, Lohndumping, 1-Euro- und Minijobs sowie befristeten Arbeitsverträgen als Neue Soziale Frage aus den Grüften des Frühkapitalismus auferstanden.

Marx und Engels beschrieben die Situation 1848 im »Manifest der Kommunistischen Partei« wie folgt: »Das Kapital hat die Bevölkerung agglomeriert, die Produktionsmittel zentralisiert und das Eigentum in wenigen Händen konzentriert. Die Arbeiter, die sich stückweise verkaufen müssen, sind eine Ware wie jeder andere Handelsartikel und daher gleichmäßig allen Wechselfällen der Konkurrenz, allen Schwankungen des Marktes ausgesetzt.«[16]

164 Jahre später warten in Deutschland – als ob es nie eine Zivilisierung des Klassenkampfes gegeben hätte – Zehntausende von Arbeitern auf den nächsten Schlag der Finanzindustrie, der Ratingagenturen und der Rohstoffspekulanten, der sie in die Arbeitslosigkeit und anschließend mit Hilfe der Politik auf die unterste Sprosse der sozialen Stufenleiter befördert.

Die Wahnidee des sich selbst regelnden Marktes

Nicht das Gespenst des Kommunismus, vielmehr die Angst geht um in Europa – gepaart mit Wut, Abscheu und tiefem Misstrauen gegenüber den herrschenden Eliten, die ähnlich den Verantwortlichen in der Zeit der beginnenden Industrialisierung offensichtlich unfähig sind, die unausweichliche Globalisierung der Wirtschaft human zu gestalten. Die Menschen leiden erneut unter den Folgen jener 1776 von Adam Smith in die Welt gesetzten Wahnidee, dass die »unsichtbare Hand« des Marktes alle Probleme von selbst löse. An die Stelle des regulativen Ideals des Gemeinwohls sind die Idee des Wettbewerbs und die Ideologie des Wachstums um jeden Preis getreten. Auf dem Richterstuhl sitzt nicht mehr die Vernunft, sondern der die Menschen verhöhnende Markt, jeder ethischen Bindung und Orientierung aus der Menschenwürde spottend, ausgestattet mit dem Recht des Stärkeren, unempfindlich für das Wünschen und Bitten der Schwachen und Armen.

Das Spannungsverhältnis zwischen Kapital und menschlicher Arbeit besteht noch immer. Die Kommunisten versuchten es aufzulösen, indem sie das Kapital eliminierten und die Kapitalisten liquidierten. Bekanntlich sind sie damit gescheitert. Der Kapitalismus hingegen eliminiert die Arbeit und liquidiert die Menschen an ihren Arbeitsplätzen. Der Kapitalismus ist nicht besser als der Kommunismus.

Die Ökonomisierung der Gesellschaft beruht auf einem Wirtschaftssystem, das die menschlichen Werte auf den Kopf stellt. Statt nämlich dem Menschen zu dienen, wird dieser vom Kapital beherrscht und sein Wohl den wirtschaftlichen Interessen geopfert.

Das kann sich furchtbar rächen. In den demokratischen Staaten hat jeder Bürger eine Stimme und kann diese nutzen. In autoritären oder diktatorischen Systemen, wo die Menschen keine Wahl haben, werden sich zumindest einige von ihnen Waffen besorgen, und wenn es fliegende Kerosinbomben sind, die in den Symboltürmen des Kapitalismus einschlagen, oder Sprengsätze, die mittels Handy gezündet in Vorortzügen europäischer Hauptstädte explodieren oder von Selbstmordattentätern in Kirchen und Krankenhäusern zur Detonation gebracht werden. Das verfehlte Wirtschaftssystem ist ein Mitverursacher des Terrorismus.

Der Mensch als Kostenfaktor

Die Achtung der Menschenwürde war die a priori-Forderung der Aufklärung und muss die ethische Grundlage allen politischen Handelns sein. Sie ist absolut unvereinbar mit der heute praktizierten Degradierung des Menschen zum reinen Kostenfaktor: Er gilt umso mehr, je weniger er kostet. Und er gilt umso weniger, je mehr er kostet.

Diese Menschenfeindlichkeit des Kapitalismus hat

das gesamte Gesundheitswesen erfasst. Der Patient, der leidende Mensch, mutiert zum Kunden, als ob das Gesundheitswesen ein Media Markt wäre. Der Arzt wird zum Fallpauschalenjongleur, der dem Geschäftsführer seines Krankenhauses gefällig sein muss. Einem Geschäftsführer, der außer Betriebswirtschaftslehre in der Regel nichts gelernt hat und das Krankenhaus zu einem an der Gewinnmaximierung orientierten Unternehmen macht. Mit der Folge, dass medizinisches und pflegerisches Personal eingespart wird und Arzneimittel selektiert und rationiert werden.

Die Kampagnen gegen die Pharmaindustrie gehen eigentlich an dem zentralen Problem vorbei. Ein niederländischer Maler aus dem 16./17. Jahrhundert hat im Bild festgehalten, wie einem Patienten ein Bein amputiert wurde. Der Mann lag angeschnallt auf dem Tisch, und sein Bein wurde bei vollem Bewusstsein mit einer Säge abgetrennt. Ähnlich erging es Zehntausenden Soldaten während des letzten Krieges in Ermangelung von Betäubungsmitteln. Eine Flasche Schnaps konnte da auch nicht mehr helfen.

Heute werden Beinamputierte, Wirbelsäulenoperierte, Krebspatienten und Unfallopfer nicht mehr mit Alkohol benebelt, sondern erhalten Narkotika, und es wird ihnen mit Insulin, Cortison, Antibiotika und Betablockern geholfen. Aber wenn sie nicht privat versichert sind, wird auch bei ihnen an den teuren Medikamenten gespart, und sie müssen die Schmerzen länger ertragen. Außerdem kommt es durch die Einsparungen bei Ärzten und Krankenschwestern in manchen Krankenabteilungen (mit Ausnahme natürlich der Privatstationen) zu chaotischen Zuständen. Und die Liste der Leistungen, bei denen die Patienten aus eigener Tasche zuzahlen müssen, wird – wie die Wartezeit für teure Untersuchungen – stetig länger.

Zum Schutze des wichtigsten Gutes des Menschen, nämlich der Gesundheit, ist immer weniger Geld vorhanden. Es droht dahin zu kommen, dass sich eine vollwertige medizinische Versorgung nur noch die Wohlhabenden, die Beamten und Privatversicherten leisten können, die ohnehin eine höhere Lebenserwartung haben als die unteren Schichten und die Arbeiter, da sie weniger gesundheitlichen Belastungen am Arbeitsplatz ausgesetzt sind als diese.

Eine verlorene Generation

Viele haben sich die Frage gestellt, ob Krawalle wie in England im August des Jahres 2011 auch bei uns in Deutschland möglich sind. Inzwischen ist klar geworden, dass sich bei diesen Gewalttätigkeiten nicht nur kriminelle Energie entladen hat, sondern die sozialen Veränderungen in England in den letzten zwei Jahren diese Explosion geradezu herbeigeführt haben. Die neoliberal-konservative Regierung unter David Cameron hat nicht nur viele soziale Leistungen für junge Leute gestrichen, Jugendzentren geschlossen und die Programme gegen Jugendarbeitslosigkeit gekürzt oder abgeschafft, sondern die hiervon Betroffenen auch gesellschaftlich isoliert. Der Premierminister sah in den revoltierenden jungen Leuten nur Kriminelle, und der Londoner Bürgermeister Boris Johnson, ein Konservativer aus der Oberschicht, hat sie als Unterschichtenmob bezeichnet. So sprachen im Zeitalter der Aufklärung Weiße über ihre schwarzen Sklaven und Fabrikanten und Adelige über die »Proleten«.

Aber auch in Deutschland ist die Schicki-Micki-Generation Golf spätestens seit der Agenda 2010 von der Generation Prekariat abgelöst worden. Denn zwei Fünftel der Beschäftigten bis 24 Jahre stecken in prekären, also unsicheren Arbeitsverhältnissen. Diese jungen Menschen leisten unbezahlte Praktika, verrichten Minijobs oder Leiharbeit und bekommen, wenn überhaupt, dann meist nur befristete Arbeits- oder Werkverträge. Sie wissen nie, ob sie einen Kredit jemals zurückzahlen können und gründen aus Angst vor Armut keine Familie. Es ist eine unmündige Gesellschaft, die so etwas zulässt, weil sie nicht mehr bereit ist, darüber nachzudenken, welche fatalen Folgen eine derartige Entwicklung zeitigt, nämlich Londoner Verhältnisse.

In ganz Europa wächst eine verlorene Generation heran. Jeder fünfte Jugendliche auf unserem Kontinent hat keinen Arbeitsplatz. In Italien betrug die Jugendarbeitslosigkeit im November 2011 laut EUROSTAT 30 Prozent, in Frankreich 24, in Polen 28, in Griechenland 46, in Irland 29, in der Slowakei 35 und in Spanien fast 50 Prozent. Noch höher liegt die Quote in den arabischen Mittelmeer-Anrainerstaaten von Syrien bis Marokko: zwischen 50 und 60 Prozent. Die Revolutionen dort werden vor allem von jungen Menschen getragen, die keine Zukunft mehr sehen. Bei uns wird offenbar gewartet, bis es auch hierzulande losgeht.

Diese jungen Menschen brauchen eine faire Lebenschance. In Europa könnten wir das Problem sogar relativ leicht lösen. Für ein europäisches Bildungs- und Investitionsprogramm bräuchten wir ungefähr 40 Milliarden Euro. Genau diese Summe ergäbe sich, wenn die Europäer endlich ohne Rücksicht auf den Londoner Finanzplatz eine von allen beschlossene internationale Finanztransaktionssteuer von 0,01 Prozent auf alle Geldgeschäfte einführten. Weltweit werden sie tagtäglich in einer Größenordnung von über zwei Billionen Dollar getätigt. Eine solche Steuer würde global 350 Milliarden US-Dollar einbringen.

Die Vergötzung des Kapitals

Die geschilderten ökologischen Probleme dieser Erde, die Armut von knapp drei Milliarden Menschen, fehlende Schulen für Millionen von Kindern, Trinkwassermangel, Energienotstand, Volkskrankheiten, die grassierende Aidskrankheit, die UN-Flüchtlingslager, in denen Hunderttausende von Menschen vegetieren müssen, alle diese Probleme, die in den Griff zu bekommen auch die Millenniumsziele der Vereinten Nationen bis zum Jahre 2015 sind, könnten ohne weiteres gelöst werden, wenn die ungeheuren Geldmengen, die vorhanden sind, nicht in falschen Händen wären. Es fehlt nicht an der Erkenntnis, was zu tun ist; aber die verantwortlichen Staatsmänner und -frauen verharren in der Haltung von Unmündigen, weil ihnen der Mut und der Wille fehlt, das Richtige zu tun.

Es zeigt sich, dass ein Fundamentalismus ganz besonderen Kalibers Milliarden Menschen auf dieser Erde bedroht, nämlich eine absolutistische Ökonomie, die alle humanen Errungenschaften und Hoffnungen der Aufklärung endgültig zu vernichten scheint. Wenn ihr keine Grenzen gesetzt werden, wird sie die in zweihundert Jahren entwickelte Zivilisation, die Kommunismus und Nationalsozialismus mühsam überlebt hat, zuschanden machen. Angesichts des ausufernden Irrationalismus, der Degradierung der Menschen zu Kostenfaktoren, der Vergötzung des Kapitals, der Bürokratisierung und Reglementierung aller Aspekte des menschlichen Lebens, des Versagens der demokratischen Institutionen gegenüber der ökonomischen Globalisierung und der kapitalabhängigen medialen Verdummung scheint es sinnvoll, ja geradezu eine Pflicht zu sein, sich wieder auf das Erbe der Aufklärung zu besinnen.

Vernunft und Mut

Das Instrument der Aufklärung war die Kritik. Das heißt die Bereitschaft, alles Bestehende vor den Richterstuhl der Vernunft zu rufen. Das Urteil der Vernunft sollte alles beseitigen, was dem Fortschritt entgegenstand, nämlich die Intoleranz und den Fundamentalismus, den Aberglauben und die Irrationalität, den staatlichen und religiösen Absolutismus, die das damalige Denken und die politische Praxis beherrschten.

Die Bedingungen für den menschlichen Fortschritt waren Öffentlichkeit, Freiheit und Toleranz. Die aufgeklärte Öffentlichkeit, die die bestehenden Zustände kritisierte, war europäisch und umfasste nicht nur das Bürgertum, sondern auch viele Adlige und Geistliche aller Konfessionen sowie einfache Menschen, soweit sie lesen konnten. Und diese öffentlich geäußerte Kritik richtete sich gegen weit verbreitete Zustände, die den Vorstellungen der Aufklärung widersprachen, gegen Hexenverfolgung, Soldatenhandel und Inquisition, gegen die Folter, die staatliche und kirchliche Zensur, die Abhängigkeit der Richter und die Unterwürfigkeit der Beamten, die Privilegierung des Adels und der Fürsten, die Ungleichheit vor den Gesetzen, die rechtlose Stellung der Frau, die Vermischung von Staat und Kirche und das Fehlen der Gewaltenteilung. Sie richtete sich gegen den politischen Absolutismus der Fürsten und Könige und war im Grunde republikanisch orientiert. Nicht mehr der Staat und die Könige, nicht die Kirche, sondern die

Person und ihre Autonomie, der Mensch und seine unantastbare Würde sollten im Zentrum der Politik und der gesellschaftlichen Entwicklung stehen.

Kant rühmte sich zwar immer wieder, ein loyaler Untertan zu sein, aber er äußerte republikanische Sympathien vehement und öffentlich. Das brachte ihm nicht nur obrigkeitliches Misstrauen, sondern auch die Aufforderung zu einem Duell ein, die er allerdings dazu benutzte, den präsumptiven Duellanten – es handelte sich um den englischen Kaufmann Joseph Green – so eloquent von seinen Ansichten zu überzeugen, dass dieser das Duell absagte und einer der engsten Freunde von Kant wurde.

Die zum Teil perversen Fehlentwicklungen des Absolutismus waren nach Kant nicht allein begründet in der Deformation einzelner Persönlichkeiten und auch nicht im mangelnden Intellekt der Fürstendiener. Schon damals galt für die Überflieger mit den besten Examina, die angeblichen und tatsächlichen Genies: Ein hoher Intelligenzquotient allein macht noch keine aufgeklärten Menschen. Zu oft wurden sie – auch später – zu Verklärern der Regime: Jean-Paul Sartre, Gottfried Benn, Ernst Bloch, Carl Schmitt, Knut Hamsun, Bertolt Brecht, Martin Heidegger, Anna Seghers, die Liste ließe sich beliebig verlängern. Die selbstverschuldete Unmündigkeit sei, so Kant, nicht aus Mangel des Verstandes begründet, sondern aus Mangel der Entschließung und des Mutes. »Sapere aude« – wage zu denken. Zur Aufklärung gehören der Mut und die Freiheit, von seiner Vernunft in allen Stücken und überall öffentlichen Gebrauch zu machen. Von daher kann man Winston Churchills Satz erst richtig verstehen, dass nämlich Mut die wichtigste politische Tugend sei, denn ohne Mut seien alle anderen Tugenden sinnlos.

Mut hatten die Väter und Mütter der erfolgreichsten Wirtschafts- und Sozialphilosophie der neueren Geschichte, der Sozialen Marktwirtschaft. Sie war ein ethisches Bündnis des Ordoliberalismus der Freiburger Schule mit Walter Eucken, Wilhelm Röpke und Alfred Müller-Armack und der katholischen Soziallehre sowie der evangelischen Sozialethik. Im März 1948 wurde ihr Verfechter Ludwig Erhard mit einer Stimme Mehrheit von seinen Verbündeten aus CDU, CSU und FDP zum Direktor der Wirtschaftsverwaltung der Bizone ernannt. In dieser Funktion brachte er noch im gleichen Jahr die Soziale Marktwirtschaft auf den Weg. Ihre Renaissance in der Gestalt einer Internationalen Öko-Sozialen Marktwirtschaft mit geordnetem Wettbewerb und dem Ziel eines guten Lebens für alle Menschen, verbunden mit einem globalen Marshallplan, ist die humane Alternative zu einem gescheiterten Kapitalismus.

Der klerikale Absolutismus

Die Piusbrüder

Es hat den Eindruck, dass sich auch die fundamentalistische Theologen-, Priester- und Ajatollahklasse mit ihrer perversen Vorstellung von Religion auf dem Vormarsch befindet.

In der katholischen Kirche gibt es die Piusbrüder. Sie verweigern dem II. Vatikanischen Konzil die Anerkennung, wehren sich gegen eine Liturgiereform. Manche von ihnen leugnen den Holocaust, und sie alle wollen den Gottesdienst nach der lateinischen Messe zelebrieren. Sie begreifen nicht das notwendige Neue und halten krampfhaft am Alten fest.

Diese Art von Piusbrüdern gab es allerdings schon immer in der Weltgeschichte. Sie ermordeten in Athen Sokrates, weil dieser behauptet hatte, nicht Zeus bringe den Regen, sondern die Wolken. Die Sadduzäer brachten mit Hilfe der Römer Jesus um, weil dieser den Reichtum verurteilte und die Liebe predigte. Martin Luther kam in Acht und Bann, weil er öffentlich verkündete, man könne das Seelenheil nicht durch Geld erkaufen. Kaiser, Könige und Adel wollten nicht auf ihre Privilegien verzichten, die Südstaatler in den USA nicht auf ihre Sklaven. Heutige Diktatoren organisieren den Staat mit Tod und Folter, mit vorgetäuschten Philosophien und brutal egozentrischen Ideologien gegen ihre eigenen Bürger.

Es ist diese Piusbrüder-Mentalität – das Festhalten an alten Besitzständen, Macht oder Luxus –, die das Umdenken, das Nach-vorne-Denken, das unabhängige Denken, eben die Aufklärung erschwert oder gar verhindert. Aus dieser Geisteshaltung heraus werden Frauen diskriminiert und gesteinigt, weil man sie zu Menschen zweiter Klasse erklärt. Die Institution der Ehe wird verabsolutiert, obwohl diese, und nicht die Schulen, die Internate oder die Pfarrhäuser, schon immer der Ort gewesen ist, wo das weibliche Geschlecht am stärksten entmündigt wird und es zu den meisten Gewaltakten vor allem der Männer gegen ihre Frauen kommt. Den Geschiedenen, die sich von ihrer Eheunmündigkeit befreien konnten, wird aber vom Papst das Abendmahl verweigert.

In den USA stimmt der Erfolg der sogenannten Tea-Party, einer rechtsradikalen und christlich-fundamentalistischen Gruppierung der republikanischen Partei, nachdenklich. Ihre Moralvorstellungen sind nahezu identisch mit denen der Ajatollahs und Mitglieder der römischen Glaubenskongregation und unterscheiden sich nur wenig von islamistischen Wertvorstellungen. Sollten diese Leute die Mehrheit in den Vereinigten Staaten gewinnen, lässt das für die freiheitliche Demokratie Schlimmes befürchten.

Muslimische und christliche Ajatollahs

Vereinigten sich in der Menschheitsgeschichte Religion und Politik, Staat und Kirche in einer Hand, waren die Menschen immer die Leidtragenden. Sokrates wurde von staatlichen Stellen zum Tode verurteilt; die Verbrennung der Ketzer auf dem Scheiterhaufen wurde vom damaligen Justizapparat angeordnet. Und iranische Polizisten vollstrecken heute die Todesstrafe aufgrund eines religiösen Gesetzes der Scharia.

Die iranischen Ajatollahs und die römische Glaubenskongregation des Vatikans haben eines gemeinsam: Sie wähnen sich im Besitz der absoluten Wahrheit und wollen alle Menschen zwingen, ihren moralischen Vorgaben zu folgen. Die Methoden sind heute allerdings unterschiedlich. Im Iran werden Homosexuelle, auch minderjährige, an Baukränen erhängt. In Deutschland wird Homosexualität zwar nicht mehr bestraft, aber an den Pranger gestellt, wenn ein katholischer Bischof in einer Talkrunde vor Millionen Menschen erklärt, dass es sich dabei um eine schwere, weil naturwidrige Sünde handle.[17] In der katholischen Kirche führt das homosexuelle Outing von Priestern und Theologen zum Verlust ihrer Ämter.

Die Eiferer sehen sich als Verbündete im Kampf gegen den »Sittenverfall« der westlichen Welt; sie kämpfen gegen die Meinungs- und Pressefreiheit auch bei religiösen Themen, gegen das Recht auf Ehescheidung, Verhütungsmittel, Sterbehilfe und gleichgeschlechtliche

Liebe. Das aber sind genau die Themen, mit denen die Republikaner in den USA um Wählerstimmen werben. Damit stehen sie auf einer Ebene mit den Ajatollahs und Mullahs, die ihre Anhänger ebenfalls gegen den angeblichen Sittenverfall des Westens mobilisieren.

Epidemien des Hasses

Nun hat die Verabsolutierung von Religionen und die Vergötzung von Ersatzreligionen wie Kommunismus, Nationalsozialismus, Nationalismus und Rassismus oder auch bestimmter Moralvorstellungen schon immer Extreme gezeitigt. Großinquisitoren traten auf den Plan, Bücher wurden auf den Index gesetzt, Frauen als Hexen verbrannt und ganze Völker exterminiert. Es ist nichts Neues, dass es auch außerhalb des Islamismus verbrecherische Radikalität gab und gibt. Der Hass der Menschen gleicht einer Epidemie oder einer Geisteskrankheit, die immer wieder ausbricht.

Die Krankheit ist keineswegs beschränkt auf den modernen Konflikt zwischen westlicher Welt und der Welt des Islam. In den USA erschießen christliche Fundamentalisten Ärzte, die Schwangerschaftsabbrüche vornehmen, und verfolgen Homosexuelle. In Deutschland erhalten Menschen, die sich gegen Rechts engagieren, regelmäßig Morddrohungen von Neonazis. Hindu-Fundamentalisten zerstören muslimische Gotteshäuser, und in Palästina blockieren jüdische und arabische Extremisten jede gerechte und friedliche Lösung des Konflikts.

Wenn der Fundamentalist Macht über Menschen besitzt, und diese zwingt, ihn oder seine Lehre anzubeten, entsteht der Ajatollah oder der von Terrorismusangst gejagte US-Präsident, der im Gefangenenlager Guantánamo das praktiziert, was er bekämpfen will.

»Papa, woher kommt der Hass?«

»Papa, woher kommt der Hass?«, möchte die Tochter des maghrebinischen Schriftstellers Tahar Ben Jelloun in dem gleichnamigen Buch von ihrem Vater wissen. Es seien tiefe Ängste, die in den Menschen schlummern, erklärt ihr Tahar Ben Jelloun. Sie können jederzeit zum Ausbruch kommen. Zum Beispiel, wenn Menschen sich in ihrer Not und Hoffnungslosigkeit angesichts eines kapitalistischen Wirtschaftssystems, das über Leichen geht, gegen Fremde wenden, die ihnen mit »marktgerechten« Hungerlöhnen die Arbeitsplätze wegnehmen.

Ich meine, eine Politik, die sich als unfähig erweist, den Prozess der Globalisierung human zu gestalten, und vor den Finanzmärkten in die Knie geht, ist mitverantwortlich für Hass und Terrorismus, ebenso wie eine Politik, die sich durch Gewaltandrohung islamistischer Terroristen einschüchtern lässt. Die Befreiung der Menschen von der Angst als der wichtigsten Ursache des Hasses setzt deshalb voraus, dass die autoritären Machthaber dieser Erde von den westlichen Demokraten nicht noch wegen ihrer ökonomischen Vernunft bewundert, sondern vor der Weltöffentlichkeit als unaufgeklärte Kriminelle an den Pranger gestellt werden.

Die Gegenaufklärung der Kirche

Wenn man über den neuen Fundamentalismus spricht, kann man die katholische Kirche nicht aussparen. Sie hat sich in den letzten Jahren, auch in der Zeit von Johannes Paul II. und dem Präfekten der Glaubenskongregation, Kardinal Joseph Ratzinger, dem jetzigen Papst Benedikt XVI., zu einer Art Gegenaufklärungsorganisation entwickelt. Zu einer Kirche der Gebote und der Verbote, einer Kirche, in der der Exorzismus, aber auch der Glaube an die Hölle und den Teufel wieder hoffähig werden.

Die schlimmste Entmündigung produziert die Kirche auf dem Gebiet der Sexualmoral. Nach wie vor ist jede Benutzung von Kondomen bei Geschlechtsverkehr verboten, selbst wenn dies zur Verhinderung von HIV-Infektionen dienen sollte. Papst Benedikt XVI. hat 2010 allerdings Prostituierte von diesem strikten Verbot ausgenommen. Es grenzt an Verdummung, Verhütungsmittel für Prostituierte zu erlauben, dagegen für das normale Sexualleben der Menschen zu verbieten. Diese verwirrende Moraltheologie entspringt einer Sexualethik, die sich aus der Irrlehre des Manichäismus, rezipiert durch

Augustinus, entwickelt hat, wo die Sexualität mit dem Sündhaften und Schlechten identifiziert wird.

Die sexuelle Bevormundung durch die Kirche besteht vor allem darin, dass sie die menschliche Fortpflanzung zum eigentlichen Zweck der geschlechtlichen Vereinigung erklärt. Infolgedessen wird die künstliche Empfängnisverhütung als sündhaft angesehen und der Liebesakt auf die empfängnisbereiten Tage beschränkt. Die afrikanischen Islamisten sind da noch konsequenter und schneiden die Quelle der weiblichen Lust, die Klitoris, einfach ab. Die Degradierung der sexuellen Lust zu einem zwar notwendigen, aber eigentlich unwichtigen Aspekt des Fortpflanzungsaktes widerspricht jedoch vollkommen der menschlichen Natur und auch dem Selbstverständnis von Frauen und Männern, die ja nicht miteinander schlafen, damit die Menschheit, die Welt, Europa oder Deutschland eine Zukunft haben.

Systemfehler der Amtskirche

Diese sinnlose Moral ist deswegen in der katholischen Kirche immer noch sakrosankt, weil Papst und Kurie mit absolutistischen Methoden arbeiten. Von einer dienenden Kirche im Sinne Paulus' ist sie zu einer Amtskirche geworden mit quasi staatlichen Strukturen. Dieser Systemfehler betrifft Glaubensinhalte ebenso wie die Organisation und findet seinen Ausdruck im Zölibat, in der Aufhebung des Kollegialitätsprinzips zwischen

Papst und Bischöfen, im Unfehlbarkeitsanspruch des Papstes, in der Beurteilung der lateinamerikanischen Theologie der Befreiung, in der »Pillenenzyklika« bzw. dem Verbot der künstlichen Empfängnisverhütung – nach Auffassung der Deutschen Bischofskonferenz ein zweiter Fall Galilei –, im Verbot der Aidsbekämpfung durch Kondome mit den damit in Kauf genommenen schweren Gewissenskonflikten, unter denen zum Beispiel katholische Priester und Nonnen leiden, die an den Aidsbekämpfungsprogrammen in Südamerika und Afrika teilnehmen, in dem Verbot des Frauenpriestertums, in der Diskriminierung der evangelischen Kirche als Nicht-Kirche, der Nichtanerkennung ihrer Ämter und dem Verbot der ökumenischen Abendmahlsfeier, in der Aufnahme schismatischer Bischöfe der Piusbrüder mit ihrem ausgesprochen juden- und frauenfeindlichen Charakter und in wissenschaftsfeindlichen Positionen zur Evolutionstheorie. Hinzu kommen die undifferenzierte Beurteilung der Stammzellenforschung, die Relativierung des II. Vatikanischen Konzils durch den jetzigen Papst, die Wiedereinführung der tridentinischen Messe, die Wiederaufnahme der vorkonziliaren Fürbitte für die Erleuchtung der Juden in die Karfreitagsliturgie sowie die Bürokratisierung der Leitung der Kirche durch die römische Kurie im Vatikan. Auch das Versagen der Amtskirche bei der Behandlung der Missbrauchsfälle ist in diesem verfehlten System begründet.

Perverse Moraltheologie

Diese Restaurationspolitik und die lebensferne Moraltheologie entfremden immer mehr Menschen von der katholischen Kirche. Das Perverse der katholischen Sexuallehre besteht darin, dass sie das vollkommen weltfremde Ideal eines verheirateten, sich liebenden und ewig treuen Paares, welches gesundheitlich so robust und ökonomisch derart abgesichert ist, dass es mit Freuden ein Kind nach dem anderen in die Welt setzen und aufziehen kann, zur Norm für alle sexuellen Beziehungen erklärt. Der außereheliche Geschlechtsverkehr zweier sich liebender Erwachsener oder auch der Gebrauch von Verhütungsmitteln bekümmert die Kirche mehr als die stetig wachsende Zahl von AIDS-Waisen in Afrika oder die massenhaften Verstöße gegen das sexuelle Selbstbestimmungsrecht der Frau.

Sündhaft handeln aber nicht die liebenden, empfängnisverhütenden Paare, sondern die wirklichen Sünden begehen jene, die die Verantwortung dafür tragen, dass beispielsweise hunderttausendfacher Handel mit Mädchen und Frauen aus Osteuropa und Afrika stattfindet, die mitten in Deutschland Schreckliches erleiden müssen. Ohne Sprachkenntnisse, Geld, gültige Papiere und Informationen sind sie den Männern vollkommen schutzlos ausgeliefert, die sie nach Deutschland gelockt haben und in finsterster sexueller Sklaverei halten. Der Brutalität und menschenverachtenden Gewalt der Täter sind keine Grenzen gesetzt. Dies belegen die Berichte der von Schwester Lea Ackermann gegründeten Organisation SOLWODI (SOLidarity with WOmen in DIstress), eine der wenigen Vereinigungen, die sich des Schicksals dieser Frauen annimmt.

Wen schützt der Vatikan?

Zwar hat auch Papst Benedikt XVI. den Menschenhandel als »eine große Schande« bezeichnet und als eine der schlimmsten Begleiterscheinungen der Globalisierung gegeißelt.[18] Doch nach wie vor weigert sich der Vatikanstaat, die europäische Menschenrechtskonvention aus dem Jahr 1953 sowie das UN-Übereinkommen zur Beseitigung jeder Form von Diskriminierung der Frau (die »Frauenkonvention« CEDAW) von 1981 zu unterzeichnen.[19] Damit leistet er der weltweiten Diskriminierung und Entrechtung der Frauen de jure und de facto Vorschub.

Nicht nur in weltlichen Angelegenheiten, auch innerkirchlich können die Frauen nicht damit rechnen, dass der Papst seine schützende Hand über sie hält. Der brasilianische Erzbischof von Olinda und Recife, José Cardoso Sobrinho, erregte im März 2009 weltweites Aufsehen. Ein neunjähriges Mädchen war von seinem Stiefvater vergewaltigt und schwanger geworden. Nach der Abtreibung erklärte der Erzbischof offiziell und publikumswirksam, dass die beteiligten Ärzte und die Mutter des Mädchens nach geltendem Kirchenrecht automatisch exkommuniziert seien. Ihm zufolge wog die Abtreibung schwerer als das Vergehen des Stiefvaters. Nach Aussage der behandelnden Ärzte hätte das nur 1,33 Meter große und 36 Kilogramm schwere Mädchen bei einer Fortsetzung der Zwillings-Schwangerschaft in akuter Lebensgefahr geschwebt. Der Vatikan kritisierte die publizistische Behandlung des Falles durch den Erzbischof, der doch lieber tröstende Worte für das misshandelte Kind hätte finden sollen, anstatt mit öffentlichem Pomp die Exkommunikation zu verkünden. Die Exkommunikation wurde bis heute nicht zurückgenommen.[20]

Langsamer Fortschritt

Die Kirche hat in ihrer ganzen Geschichte die sexuelle Selbstbestimmung der Frau behindert und verhindert. Ihre verqueren Moralvorstellungen äußerten sich auch in Deutschland bis noch vor wenigen Jahren darin, dass katholische Bundestagsabgeordnete, hier vor allem Mitglieder des Opus Dei, mit allen Mitteln gegen die Strafbarkeit der Vergewaltigung in der Ehe mobilmachten. Aber auch hier verliert die Kirche den Anschluss. Die Frauen sind nicht mehr bereit, in dieser von der Kirche verschuldeten Unmündigkeit zu bleiben.

Leider betrachten immer noch viele Männer ihre Ehefrauen als persönliches Eigentum und nehmen sich ihr vermeintliches Recht auch gewaltsam. Die Ehe ist deshalb nach wie vor der gewalttätigste Ort zwischenmenschlicher Sexualität. Aber das politische Bewusstsein hat sich, wenn auch langsam, gewandelt. Sexuelle Gewaltanwendung in der Ehe ist inzwischen in vielen Ländern ein Straftatbestand. Frauen können die prügelnden Ehemänner mit Hilfe des Staates aus der Wohnung werfen. Die Ehemänner haben in Frauenhäusern keinen Zutritt, und die Polizei greift schneller ein. Die Öffentlichkeit ist alarmiert, wie die Missbrauchsfälle der letzten Jahre beweisen.

Vergewaltigte Frauen hatten noch vor zwei Jahrzehnten schlechte Karten, wenn sie zur Polizei gingen. Oft wurden sie als die eigentlich Schuldigen angesehen: Das Tragen aufreizender Kleidung und anfängliches Mitmachen wurde ihnen unterstellt. Die Frau musste die Gewalt beweisen, die ihr angetan worden war. Das hat sich auch prozessual verändert. Die DNA-Analyse und Methoden moderner Spurensicherung machen es möglich, Gewalttaten gegen Frauen und Kinder, die schäbigsten Verbrechen, die wir kennen, leichter aufzuklären und zu bestrafen.

Die Quote

Bei der Gretchenfrage: Was hältst du von den Frauen? stellt man fest, dass die katholische Kirche und der Deutsche Industrie- und Handelstag in einem Boot sitzen. In beiden Institutionen gibt es gleiche Reaktionen. Der Vorschlag der Bundesfrauenministerin Kristina

Schröder, eine Frauenquote für die Führungspositionen in den Unternehmen festzusetzen, wurde kurzerhand vom Präsidenten des Deutschen Industrie- und Handelskammertages (DIHK), Hans Heinrich Driftmann, abgebügelt. Unternehmen müssten ihre Führungspositionen wie bisher unabhängig vom Geschlecht besetzen können.[21] Da ist die katholische Kirche weniger schwammig: Frauen als Diakone und Pfarrer – verboten, Frauen als Bischöfe – ein Sakrileg, Ehefrauen für Pfarrer – eine Todsünde.

Mit dieser frauenfeindlichen Haltung katapultiert sich die Kirche immer weiter aus der Mitte der Gesellschaft. In wenigen Jahren werden zwei Drittel der Gemeinden keinen eigenen Pfarrer mehr haben, denn der Priesternachwuchs tendiert gegen null. Seit 2008 gibt es pro Jahr weniger als hundert neue Priester in ganz Deutschland. Der Kurie im Vatikan ist das offenbar egal. Frauen machen 50 Prozent der Menschheit aus: Das sind drei Milliarden. Wenn die katholische Kirche und die Unternehmen Frauen aussperren, dann fehlt ihnen die Hälfte des menschlichen Potentials an Intelligenz, Kreativität und Humanität. Für den DIHK ist es vielleicht ein Trost, dass es die Taliban genauso machen, aber für die Kirche?

Die Verantwortung der Kirche

Im Übrigen wäre es ein weltweites Signal mit durchschlagender Wirkung, wenn die katholische Kirche die Frauendiskriminierung in ihrer Lehre, in der liturgischen Praxis und in ihrem hierarchischen System beseitigen würde. Auf den Weltfrauenkonferenzen von Nairobi 1985 und Peking 1995 haben die Legaten des Vatikans Arm in Arm mit den Ajatollahs aus dem Iran und den Mullahs aus Pakistan alle Resolutionen zur sexuellen Selbstbestimmung der Frau abgelehnt. Das wird den Papst wahrscheinlich beim Jüngsten Gericht in Schwierigkeiten bringen. Für Millionen von Frauen hat die katholische Kirche dadurch ihren Kredit verspielt. Dieser institutionalisierte theologische Starrsinn ist ein hohes Hindernis auf dem Weg zu einer von Frauenfeindlichkeit befreiten aufgeklärten Weltfriedensordnung.

Die Herrschaft der religiösen Fundamentalisten führt auf der ganzen Erde dazu, dass die Diskriminierung der Frauen die am weitesten verbreitete Menschenrechtsverletzung darstellt. Millionen von Frauen müssen Jahr für Jahr das büßen, was Theologen aus der Geschichte von Adam und Eva als Botschaft formuliert haben: »Durch die Frau kam die Sünde in die Welt«, so der Prophet Jesus Sirach. Weiß der Vatikan eigentlich, mit welchem Ungeist er sich dadurch solidarisiert und identifiziert? Man mag es nicht glauben, denn wenn er es wüsste, wäre es zum Verzweifeln.

Die Hauptverantwortung für das desolate Bild der katholischen Kirche trägt der jetzige Papst Benedikt XVI. Ein solches Urteil mag manchem ungerecht vorkommen; es ist aber wohlbegründet. Der jetzige Papst zeigt sich unfähig, die absolutistischen Strukturen und Bürokratien des Vatikans, die er genau kennt, abzubauen und die Kurie mit ihren Kardinälen im Sinne des II. Vatikanischen Konzils zu erneuern. Er ist außerdem offensichtlich nicht bereit, die Fehler seiner Amtszeit als Präfekt der Glaubenskongregation zu korrigieren. Er hat große Theologen wie Hans Küng und Leonardo Boff diszipliniert und ihnen die Lehrerlaubnis entzogen, gleichzeitig aber die Piusbrüder rehabilitiert, der evangelischen Kirche ihre Eigenschaft als Kirche Christi abgesprochen, den gemeinsamen Gottesdienst von evangelischen und katholischen Christen verboten, er hat die Wiederverheiratung Geschiedener und Homosexualität als Sünde bezeichnet, die Befreiungstheologie diskreditiert, dem brasilianischen Armenbischof Pedro Casaldáliga verboten, den von Rechtsextremisten während des Gottesdienstes ermordeten Erzbischof Óscar Romero von San Salvador als Märtyrer zu bezeichnen, dessen Seligsprechung bis jetzt verhindert, dafür aber den ultrakonservativen Gründer des Opus Dei, Josemaría Escrivá, zur Ehre der Altäre erhoben – die Liste autoritärer Entscheidungen ließe sich beliebig verlängern. In einem Punkt hat er eine wichtige Wende herbeigeführt: Nachdem er noch vor Jahren die schweren sexuellen Missbrauchsfälle unter das »secretum pontificium«, das päpstliche Schweigegebot, gestellt hatte, dessen Verletzung schwere Kirchenstrafen nach sich ziehen konnte, hat er jetzt Transparenz, Hilfe für die Opfer und Zusammenarbeit mit der Staatsanwaltschaft zu bindenden Vorschriften in der ganzen Kirche gemacht.

Der islamische Absolutismus

Mukhtar Mai

»Die Schuld, eine Frau zu sein«, so lautet der Titel von Mukhtar Mais Autobiographie.[22] Die damals 31-jährige Mukhtar Mai musste, als ihre Peiniger endlich von ihr ließen, splitternackt vor den Augen der anderen Dorfbewohner nach Hause gehen. Stundenlang waren vier Männer über sie hergefallen, hatten sie mehrmals vergewaltigt, aber auch diese Schmach der öffentlichen Erniedrigung sollte ihr nicht erspart bleiben. Sie musste eine vermeintliche Schande sühnen, die ihr elfjähriger Bruder angeblich über die Familie gebracht hatte. Er habe, so die Anschuldigung einer Familie des verfeindeten Mastoi-Klans, die sich später als falsch herausstellte, eine unerlaubte Beziehung zu einer ihrer Frauen unterhalten. Nach vielem Hin und Her einigten sich die beiden Klans darauf, dass Mukhtar Mai zu den Mastois gehen und im Namen ihrer Familie um Entschuldigung bitten solle. Doch in deren Haus kam es dann zu der oben geschilderten Vergewaltigung.

Frauen, die, wie Mukhtar Mai, in islamischen Ländern vergewaltigt werden, sind stigmatisiert. Ihnen wird in einer durch und durch religiös bedingten patriarchalischen Gesellschaft auch noch die Schuld für das ihnen zugefügte Leid zugesprochen. Nicht selten nehmen sie sich in der Folge das Leben.[23]

Beispiele gibt es zuhauf. In der somalischen Stadt Kismayo wurde die dreizehnjährige Aisha gesteinigt. Das Mädchen war von drei Männern vergewaltigt worden und von einem islamischen Gericht wegen außerehelichen Geschlechtsverkehrs zum Tode verurteilt worden. An die tausend Schaulustige sahen in einem Stadion johlend zu, wie Dutzende von Männern das Kind mit Steinen bewarfen, das bis zur Brust eingegraben worden war. Als man den Körper ausgrub und feststellte, dass Aisha noch am Leben war, wurde sie wieder eingegraben und die Folter bis zum Tode fortgesetzt.[24]

Beschneidung

Man scheut sich, diese Grausamkeiten als »bestialisch« zu bezeichnen, denn es hapert in der Tierwelt bekanntlich an der Folter. Übertroffen werden diese islamischen Verbrechen nur noch durch das Ritual der Beschneidung, dem hundert Millionen Frauen auf unserem Globus unterworfen wurden.

Waris Dirie war eines der schönsten und bekanntesten Models und auf den Laufstegen der ganzen Welt zu Hause. Vor Jahren schockte sie die westliche Öffentlichkeit mit dem Bekenntnis, dass sie beschnitten sei.[25] Wie Millionen anderen wehrlosen, schreienden kleinen Mädchen hat man ihr als Fünfjährige mit einer Rasierklinge die Schamlippen und die Klitoris abgetrennt. Diese grausame Genitalverstümmelung ist in allen islamischen Gemeinden der afrikanischen und asiatischen Staaten gängige Praxis und wird fast überall von den jeweiligen Regierungen gebilligt. Jährlich sind vier Millionen neue Fälle zu beklagen.

Das Verbrechen beschränkt sich allerdings nicht auf Asien und Afrika. Nichtregierungsorganisationen schätzen, dass von den 60 000 Migrantinnen aus diesen Kulturkreisen, die in Deutschland leben, bis zu 30 000 Mädchen und Frauen Opfer dieser Praxis geworden sind oder zu werden drohen.[26] Leider gibt es hier sogar Ärzte, die sich gegen teures Geld an dieser finsteren Barbarei beteiligen. Für manche Juristen ist die Genitalverstümmelung unter dem Gesichtspunkt der Religionsfreiheit gerechtfertigt. Dabei handelt es sich hier eindeutig um einen Verstoß gegen Artikel 2 des Grundgesetzes und schwere Körperverletzung, die von Amts wegen verfolgt werden müsste. Polizei und Staatsanwälte müssen endlich eingreifen. Es sollte Reihenuntersuchungen in den Schulen geben, um die Verstümmelung der Mädchen aufzudecken. Den Eltern muss klar und deutlich gesagt werden, dass sie sich strafbar machen, wenn sie ihre Töchter beschneiden lassen.

Die Beschneidung von Frauen ist brutaler Terror, der nicht durch Religion oder Brauchtum entschuldigt werden kann. Weltweite Aufklärung und harte Gesetze sind nötig, um diese Verstümmelungspraxis zu beenden.

Die Afghanin Bibi Aisha und die NATO

Die Veröffentlichung der Bilder der im Gesicht verstümmelten Afghanin Bibi Aisha im »Time Magazine« darf man als eine Sternstunde des Journalismus bezeichnen.[27] Es kann hier nämlich selbst der Dümmste und unaufgeklärteste Bundesbürger erkennen, was den Frauen in Afghanistan blüht, wenn die NATO abzieht. Der zwangsverheirateten und versklavten 18-Jährigen wurden, nachdem man die Flüchtende wieder eingefangen hatte, vom Ehemann die Nase und die Ohren abgeschnitten, und zwar aufgrund eines Gerichtsurteils in der südlichen, von den Taliban beherrschten Provinz Oruzgan. Die Afghaninnen werden nach Abzug von NATO und Bundeswehr in ihren eigenen Häusern nicht mehr sicher sein. Sie werden entführt, vergewaltigt und gefoltert werden, sagt Manizha Naderi, die Leiterin eines Frauenhauses in Kabul.[28]

Wo bleibt die Aufklärung, der Schutz der Menschenrechte bei den Grünen, den Linken, beim Außenminister? Es ist unverantwortlicher Populismus, wenn radikale Pazifisten der Linken und der Grünen im trauten Verein mit dem Außenminister verlangen, dass die NATO innerhalb der nächsten Jahre abziehen solle. Solange in Afghanistan keine schlagkräftige afghanische Armee und Polizei vorhanden sind und den Frauen erneut Sklaverei droht, muss die NATO vor Ort bleiben. Die Bundeswehr ist doch keine bewaffnete Agentur zur Durchsetzung nationaler und ökonomischer Interessen, sondern

Teil einer Wertegemeinschaft, die sich dem Erbe der Aufklärung, der Verteidigung der Freiheit und dem Schutz der Menschenrechte verpflichtet weiß.

Auf der Stufe des 17. Jahrhunderts

»60 Tote bei Bombenattentat in Bagdad. 1500 Todesopfer in Syrien. Schlachtfeld Frau in Ägypten. Scharia im Sudan. Taliban-Überfall in Kundus. Islamistenterror im Jemen.« Dies waren die Schlagzeilen auf der Seite 2 der »Frankfurter Allgemeinen Zeitung« vom 27. 12. 2011, also am Tag nach den Weihnachtsfeiertagen. Über etwas anderes wurde auf dieser Zeitungsseite nicht berichtet. Gemeinsam ist den genannten Verbrechen, Attentaten und Aufständen, dass sie alle in arabischen und vom Islam geprägten Ländern stattfinden. Und dabei wird hier nur ein Bruchteil der Vorkommnisse dokumentiert – die Schlagzeilen ließen sich fast unbegrenzt vermehren.

Käme einer vom Mars, würde er fragen: Was sind das eigentlich für komische Regionen, in denen diese Dinge geschehen? Er könnte auf die Idee kommen, dass die Menschen dort den Verstand verloren haben. Richtiger scheint jedoch zu sein, dass Millionen durchaus ihren Verstand besitzen, aber sich seiner nicht bedienen können, weil sie in »selbstverschuldeter Unmündigkeit« verharren. Mit anderen Worten: In der gesamten arabischen und islamischen Welt hat die Aufklärung noch nicht stattgefunden. Die Bevölkerung dort befindet sich zeitgeschichtlich gesehen in einer Periode, die mit den Verhältnissen in Europa vor Ende des 17. Jahrhunderts vergleichbar ist.

Der Unterschied zum Zustand Europas von 1914 bis 1945, der den Marsmenschen noch mehr erschreckt hätte, besteht darin, dass die kollektive geistige Umnachtung damals nach dreißig Jahren beendet war, der unaufgeklärte Islam sich jedoch als eine Dauererscheinung erweist.

Dürfen Frauen Fußball spielen?

Während die christliche Theologie durch die Aufklärung partiell humanisiert wurde, hat der Islam diese geistige Auseinandersetzung noch vor sich. Die Fußballweltmeisterschaft der Frauen ist auch der Triumph eines Jahrhunderte dauernden, harten, mit Rückschlägen gezeichneten Kampfes für die Frauenemanzipation. Ist das ein Grund zum Feiern? Ja, wenn da nicht die Tatsache wäre, dass Frauen aus islamischen Staaten nicht dabei sind. Sie dürfen nach den dortigen Moralvorstellungen ihre nackten Fußballerinnenbeine nicht in der Öffentlichkeit zeigen, vor allem nicht den Männern. Im Iran dürfen sie noch nicht einmal als Zuschauerinnen ins Stadion. Die islamischen Gesellschaften werden nach wie vor von pervertierten Männervorstellungen und Auslegungen des Korans beherrscht, die im 7. Jahrhundert stehengeblieben sind.

Diese Unfähigkeit der islamischen Welt, selbständig und unabhängig zu denken, also das Fehlen jeder Aufklärung, ist einer der Hauptgründe für den wissenschaftlichen und politischen Rückstand der islamisch geprägten Länder. Im Gegensatz zum Mittelalter, wo arabische Philosophen wie Ibn Sina (Avicenna) und Ibn Ruschd (Averroes) die abendländische Kultur positiv befruchtet haben und die Europäer von ihnen die arabischen Zahlen, das Dezimalsystem und die Astronomie übernahmen, gibt es in der islamischen Welt heute keine nennenswerte wissenschaftliche, technische oder sonstige naturwissenschaftliche Erfindung.[29] Obwohl es sich größtenteils um Wüstenstaaten handelt, müssen selbst Bewässerungstechniken importiert werden. Kein Wunder, wenn es überall Denkverbote und Zensur hagelt, wenn, bedingt durch die Diskriminierung von Frauen, sich über die Hälfte der Bevölkerung und damit des kreativen Potentials nicht am Diskurs beteiligen darf und bislang nur ein Bruchteil der wissenschaftlichen Standardwerke ins Arabische übersetzt wurde (während finsterste antisemitische Hetzschriften wie Hitlers »Mein Kampf« oder »Die Protokolle der Weisen von Zion« in unzähligen Ausgaben verfügbar sind).

Die antiquierten Männergesellschaften der islamischen Welt, vor allem des Irans und Saudi-Arabiens, erscheinen als die größten Gefängnisse geistiger Freiheit und Toleranz, in denen eine tausendköpfige, von Petro-Dollars gemästete Königsfamilie und religiös verblendete, machtversessene Religionswächter ihren Bürgerinnen

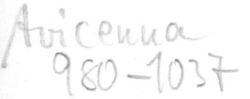

71

und Bürgern die elementarsten Menschenrechte vorenthalten.

Lehren aus dem Karikaturenstreit

Und wie reagieren die Muslime? Gibt es im Islam eine ähnlich aufklärerische Bewegung wie inzwischen in der katholischen Kirche, wo Menschen – die sogenannten Wutbürger – sich wehren gegen die Strangulierung der Gewissens-, Glaubens- und Meinungsfreiheit und ihre Wertvorstellungen nicht mehr reduzieren lassen auf die abwegigen Vorstellungen der kirchlichen Sexualmoral?

Als der dänische Karikaturist Kurt Westergaard den Propheten Mohammed mit einer Bombe im Turban malte, fühlten sich Millionen Muslime in ihren religiösen Gefühlen verletzt und schworen Rache, anstatt zu überlegen, warum wohl in einer Karikatur der Kopf des Propheten mit einer Bombe in Verbindung gebracht wird, wenn die muslimischen Selbstmordattentäter in Palästina, Irak, Ägypten und Afghanistan unzählige unschuldige Menschen mit in den Tod reißen und sich dabei ausdrücklich auf ihren Propheten berufen. Die islamische Welt ehrt diese Verbrecher – so auch den Somalier, der Ende 2010 versuchte, Westergaard zu ermorden, und dafür zu neun Jahren Gefängnis verurteilt wurde – als Blutzeugen und Märtyrer, die anschließend im Paradies gekrönt und von 72 Jungfrauen und nicht

berauschendem Wein verwöhnt werden. (Die muslimischen Gelehrten bleiben auf der Frage sitzen, wie
eigentlich nach islamischer Lehre die Märtyrerinnen
bedient werden, wenn sie ins Paradies kommen.)

Die führenden muslimischen Theologen und Rechtsgelehrten nehmen eine solche Mentalität mehr oder
weniger unkritisch hin. Als Köpfe einer aufklärerischen
Bewegung fallen sie total aus und beleidigen gleichzeitig
ihren eigenen Propheten, der das Töten von Frauen und
Kindern selbst im »Heiligen Krieg« ausdrücklich verboten hat. Die Aufklärung in der islamischen Welt hat
so lange keine Chance, wie die Religionen und ihre Vertreter nicht kritisiert werden dürfen. Und das ist leider
bislang der Fall. Im Islam triumphiert der Religionsfana-
tismus, der auf der Welt auch durch das Christentum
schon genügend Unheil angerichtet hat.

Niemand hat das Recht, seine religiösen Gefühle zur
Richtschnur dafür zu machen, was ein anderer denken
und sagen darf. Die demokratischen Revolutionäre von
Ägypten, Libyen, Tunis bis hin nach Syrien laufen Gefahr, dass die fanatischen Geistesverwandten der Selbstmordattentäter, wie etwa die Salafiten und Muslimbrü-
der, in Nordafrika an die Macht kommen. Deren Vorteil
besteht darin, dass sie im Gegensatz zur amorphen Masse der meist jugendlichen Aufständischen als einzige
Gruppierung über ein Konzept und eine Vorstellung
verfügen, wie der neue Staat aussehen soll: islamistisch
nämlich. Werden die säkularen Gewaltherrscher nun
von einer Theologendiktatur abgelöst? Die Mubaraks

erscheinen im Lichte des islamistischen Vormarsches als sympathische Menschenfreunde.

Die düpierte NATO

Die arabischen Revolutionärinnen in Ägypten, Tunesien und Libyen haben bisher nur Nachteile erfahren. Sie sehen sich den grotesk verklemmten Phantasien der Islamisten ausgesetzt, die bei Wahlen die Mehrheit bekommen haben, und werden bei der Bildung der Revolutionsregierungen nicht oder nur minimal berücksichtigt.

In ihrem Bestreben, die Frauen aus der Öffentlichkeit zu verdrängen, schrecken das Militär und religiöse Hardliner offenbar nicht einmal vor dem Einsatz sexueller Gewalt zurück. Ende des letzten Jahres rissen ägyptische Soldaten auf dem Tahir-Platz einer verschleierten Frau die Kleider vom Leib, traten der Entblößten und Bewusstlosen ins Gesicht und auf die Brust und zogen sie an den Haaren über den Asphalt. Überhaupt haben die sexuellen Belästigungen in Ägypten zugenommen. Sollte es sich dabei um eine gezielte Taktik handeln, wie viele vermuten, so scheint sie aufzugehen – der Anteil der Frauen auf dem Tahir-Platz ist, verglichen mit den Protesten im Januar oder Februar 2011, erheblich zurückgegangen.[30]

In den arabischen Aufständen spielen die Frauen rein quantitativ eine große Rolle. Aber die eigentliche Macht liegt bei den Männern. Die Frauen sind das politische Material, ihre Rechte jedoch nicht das politische Ziel der Befreiungsbewegungen. In Tunis und Libyen soll die Scharia zur Rechtsgrundlage gemacht werden. Eine düpierte NATO hat dafür den zwar verrückten, aber säkularen und vergleichsweise frauenfreundlichen Muammar al-Gaddafi weggebombt. Man muss Guido Westerwelle im Nachhinein fast dazu beglückwünschen, dass er Deutschland aus diesem schwachsinnigen Manöver herausgehalten hat.

Sollen die muslimischen Frauen sich eines Tages wieder nach den gestürzten Diktatoren zurücksehnen, die eine laizistische politische Ordnung durchgesetzt hatten, wo Frauen genauso wie Männer die Schule und die Universitäten besuchen durften?

Freies Denken?

In keiner Religion wird mit dem Namen Gottes mehr Missbrauch getrieben als im Islam. Tag für Tag und Stunde für Stunde wird er gepriesen und für alle menschlichen Barbareien einschließlich bewaffneter Auseinandersetzungen als Kronzeuge aufgerufen. Kann es vor diesem Hintergrund überhaupt eine Verständigung mit dem Islam geben?

Eine der fünf Pflichten, die jedem Muslim auferlegt sind, ist die Armensteuer (*zakat*), also die Solidarität mit den Schwachen. Sie ist eine wichtige Basis für den notwendigen Dialog mit dem Islam. Dieser darf aber nicht darüber hinwegtäuschen, dass die eigentliche Auseinandersetzung mit dem Islam darüber erfolgen muss, ob diese Religion sich die Errungenschaften der europäischen Aufklärung aneignen kann.

Die Ajatollahs und Mullahs machen gegen das freie Denken mobil. Sie behaupten, dass die islamische Kultur durch Pluralismus, Materialismus und Atheismus gefährdet werde. Sowohl die Islamisten in der arabischen Welt wie auch die Religionswächter im Iran verfolgen im Wesentlichen drei Ziele, die in einem engen Zusammenhang miteinander stehen. Erstens soll die Welt des Islam von allen angeblich dem Islam feindlichen Elementen gereinigt werden, also vom Atheismus, von aufgeklärten Schulen und Rechtssystemen, von der Emanzipation der Frauen, ja sogar von westlicher Kleidung, Musik und Literatur. Das zweite Ziel ist die Errichtung eines islamischen Gottesstaates auf dem Fundament von Koran, Tradition und islamischem Recht. Staat und Religion fallen hier ineinander, der Islam durchdringt alle privaten und öffentlichen Bereiche des Lebens. Danach sollen drittens alle arabischen Staaten und anschließend die anderen Kulturen durch missionarische Arbeit islamisiert und in den Gottesstaat integriert werden. Diese Mission bedingt nach Auffassung der führenden Köpfe einen fortdauernden Kampf, der in letzter Konsequenz auch die Anwendung von Waffengewalt nicht ausschließt.

Chancen und Grenzen des Dialogs

Wie kann dem begegnet werden? Die islamische Welt ist keine Einheit, weder geistig noch politisch. Der Westen sollte deshalb die gemäßigten und zum Dialog bereiten Kräfte stärken. Dazu gehört auch die Türkei. Der türkische Premier Recep Tayyip Erdogan hatte den Mut, mitten in der ägyptischen Revolution in Kairo den säkularen islamischen Staat zu propagieren.

Aber es gibt noch ein besseres Mittel gegen die Feinde des freien Denkens: das freie Denken selbst. Das Abendland müsste in einer konzertierten Medienaktion eine geistige Offensive für Menschenrechte und Freiheit beginnen. Leider haben sich die westlichen Staaten, vor allem die USA, wegen ihrer militärischen Verstrickung im Nahen und Mittleren Osten dafür weitgehend disqualifiziert, eine der schwerwiegendsten Konsequenzen aus den Fehlern des Einsatzes im Irak und in Afghanistan.

Wie ansteckend Ideen und Gedanken sein können, wissen die Islamisten selber, nachdem es dem Ajatollah Khomeini mit seinen Predigten, die die Menschen in den iranischen Moscheen auf Tausenden von Hörkassetten erreichten, gelungen war, die damals stärkste Militär- und Polizeimacht des Mittleren Ostens, nämlich das Kaiserreich des Schahs von Persien, zu stürzen. Warum sollte es uns auf der anderen Seite also nicht gelingen, die Völker des Nahen, Mittleren und Fernen Ostens für Freiheit und Demokratie zu gewinnen?

Die Christen haben mit den Muslimen nicht nur den Glauben an einen einzigen Gott gemeinsam. Auch das islamische Gesetz garantiert die Entfaltung der eigenen Persönlichkeit und gewährt jedem das Recht auf eigenen Besitz. Nach islamischer Auffassung gehört dieser allerdings nicht den Menschen, sondern Gott. Er bleibt also kollektives Eigentum der islamischen Glaubensgemeinschaft. Von daher erklärt sich die Distanz des Islam gegenüber einem unbeschränkten Kapitalismus genauso wie gegenüber einem autoritären Sozialismus. Das sind wichtige Ansatzpunkte für einen Dialog.

Die Distanz der meisten islamischen Rechtsgelehrten zur Demokratie ist leider grundsätzlicher Art. Sie meinen, dass die Demokratie eine Gefahr für die Einheit sei, die Gott in Schöpfung und Offenbarung durch den Islam kundgetan habe. Deswegen könne es keinen Pluralismus geben. Die Demokratie müsse vom Islam durch das Gespräch und durch Beratung ersetzt und korrigiert werden.

Der entsprechende Dissens besteht nicht in der Frage, ob in einem Volk, in einer Gemeinde abgestimmt werden kann. Dies ist auch in vielen Bereichen des Islam möglich. Das Problem ist der Pluralismus der Werte, die Meinungsfreiheit und vor allem die Gleichberechtigung der Frau. Für viele muslimische Gelehrte ist der Begriff der Menschenrechte degeneriert. Er ist in ihren Augen nichts als ein Produkt des westlichen Imperialismus. Der Iran wird von vielen bewundert, weil sie sehen, wie sich das Land von »westlichem Dreck und westlichem

Druck« befreit. Und sie schließen daraus, dass überall endlich aufgeräumt werden muss.

Der Lackmustest

Es ist deshalb ein grobes Missverständnis, auch der westlichen Regierungen, zu glauben, dass mit der Abhaltung von Wahlen die Demokratie bereits gesichert sei. Demokratie im Sinne der Aufklärung ist immer Abstimmung, also die Möglichkeit der Wahl, plus Achtung der Menschenwürde und rechtlichem Schutz der Menschenrechte. Das Grundgesetz der Bundesrepublik Deutschland ist so konzipiert. Nach Artikel 79 Absatz 3 ist die Abschaffung der Menschenwürde und der aus ihr resultierenden Menschenrechte unzulässig. Auch eine hundertprozentige Mehrheit des Deutschen Bundestages dürfte die Menschenrechte nicht beseitigen. Ein solcher parlamentarischer Akt wäre verfassungswidrig.

Von diesem Ergebnis der Aufklärung ist der Islam meilenweit entfernt. Hände werden nicht überall abgehackt und Frauen auch nicht überall gesteinigt, wenn man ihnen Ehebruch vorwirft. Aber die Stellung der Frau ist der Lackmustest. Und die Entrechtung der Frauen wird in den muslimischen Staaten nicht geringer, sondern schreitet voran, bedingt nicht zuletzt durch die in den Koranschulen systematisch betriebene Islamisierung, die von der saudi-arabischen Regierung finanziert wird.

Scharia und Hadood

In den meisten islamischen Ländern unterliegt zumindest ein Teil der Rechtsprechung nicht weltlichen, sondern religiösen Gesetzen, der sogenannten Scharia. In Pakistan wurden deren Bestimmungen 1979 noch verschärft durch die berüchtigten Hadood-Verordnungen, die Opfer sexueller Gewalt zusätzlich bestrafen. Wenn eine Frau eine Vergewaltigung anzeigen will, benötigt sie vier männliche, muslimische Zeugen des Verbrechens – ein Ding der Unmöglichkeit. Ist eine Schwangerschaft die Folge, so gilt diese als absoluter Beweis ihrer Untreue und erlaubt, sie wegen Zina, also Ehebruch bzw. Unzucht, zu verurteilen.

Safiya Bibi, eine dreizehnjährige, fast blinde Hausmagd, war von ihrem Arbeitgeber und dessen Sohn vergewaltigt und geschwängert worden. Da sie die Vergewaltigung nicht angezeigt, aber offensichtlich vorehelichen Geschlechtsverkehr gehabt hatte, keine Zeugen benennen konnte und unter Hadood nicht aussagen durfte, wurde sie wegen Zina zu drei Jahren Zuchthaus und fünfzehn Peitschenhieben verurteilt. Aufgrund des internationalen Protests setzte ein pakistanisches Gericht das Urteil aus – die Vergewaltiger aber wurden bis heute nicht bestraft.[31]

Frauenrechtsorganisationen schätzen, dass 80 Prozent aller Frauen in pakistanischen Gefängnissen wegen angeblicher Zina sitzen und dort praktisch verrotten, weil sie sich nicht freikaufen können. Im Islam gehört eine

Frau zur beweglichen Habe des Mannes. Eine Rechts-position, die übrigens auch dem mosaischen Gesetz entspricht. Wenn der Mann seiner Frau überdrüssig wird und sie loswerden will, braucht er nur »Zina« zu schreien.

In Bangladesch erlassen Dorfmullahs jedes Jahr Fat-was gegen mehr als tausend Frauen, meistens wegen Zina. Die Frauen werden bis zur Hüfte eingegraben, ausgepeitscht, gesteinigt oder mit Petroleum übergossen und angezündet. Die Peiniger behaupten, im Koran stehe geschrieben, dass Frauen gezüchtigt werden müssen.[32]

Sexismus als kulturelle Eigenart?

Es gibt keine Kultur dort, schreibt der französische Schriftsteller und Philosoph Alain Finkielkraut in sei-nem Essay über »Die Niederlage des Denkens«, »wo man über Delinquenten körperliche Züchtigungen ver-hängt, wo die unfruchtbare Frau verstoßen und die Ehe-brecherin mit dem Tode bestraft wird, wo die Aussage eines Mannes so viel wert ist wie die von zwei Frauen, wo eine Schwester nur Anspruch auf die Hälfte des Erbes hat, das ihrem Bruder zufällt, wo die Frauen beschnitten werden, wo die Mischehe verboten und die Polygamie erlaubt ist«.[33]

Hie und da gibt es einen Aufschrei in der westlichen Welt, wenn im Iran eine Frau gesteinigt werden soll. Das Schicksal von Zehntausenden von Frauen in anderen arabischen und vom Islam beherrschten Ländern wie beispielsweise Pakistan oder Afghanistan lässt die westlichen Demokratien dagegen ziemlich kalt.

Für die Diskriminierung der Frauen kann sich niemand auf die Religionsfreiheit berufen. Jeder Mensch ist zwar berechtigt zu glauben, was er will, sogar die Verfassung und die in ihr enthaltenen Grundsätze abzulehnen und dies auch öffentlich zu äußern. Religionsfreiheit beinhaltet aber nicht, dass jemand die Menschenrechte anderer Menschen, vor allem Abhängiger und Schutzbefohlener, verletzen darf. Am Universalitätsanspruch der Menschenrechte muss der demokratische Staat darum kompromisslos festhalten. Die Geschlechtsapartheid kann deshalb nicht anders bewertet werden als die Rassenapartheid.

Immer wieder kann man auch in Deutschland hören, dass diese Barbarei in der Öffentlichkeit entschuldigt und verharmlost wird. Man äußert Verständnis für die Schwierigkeit, die es bedeutet, den Anforderungen und Ansprüchen zweier unterschiedlicher Kulturen gleichzeitig gerecht zu werden. Doch auch wenn er weltweit praktiziert wurde und wird, steht doch fest: Sexismus hat mit Kultur nichts, aber auch gar nichts zu tun.

»Menschenrechtsimperialismus«

Sexismus – also die Diskriminierung, Verachtung und Benachteiligung aufgrund des Geschlechts – ist neben der Folter, die gerade auch die Frauen häufiger erdulden müssen, heute wahrscheinlich weltweit die schwerwiegendste Menschenrechtsverletzung. Waren es früher Hexenprozesse, so gehören gegenwärtig Massenvergewaltigungen, Zwangsheiraten, Zwangsprostitution, Witwenverbrennungen, die Beschneidung der Mädchen, das Aussetzen und Vernachlässigen weiblicher Säuglinge sowie das gezielte Abtreiben weiblicher Föten zu diesen Unmenschlichkeiten, die perverserweise durch männerorientierte Theologien legitimiert werden.

Den Schutz der Menschenwürde auch für Frauen einzufordern heißt nicht, Kulturimperialismus zu betreiben. Frauen, die man steinigen oder verstümmeln will, werden sich den »Menschenrechtsimperialismus« oder auch »Eurozentrismus« gerne gefallen lassen, der sie vor solchen Grausamkeiten bewahrt. Aber ohne eine tiefgreifende Veränderung der islamischen Gesellschaften und die Mithilfe der Weltreligionsführer wird die Diskriminierung der Frauen langfristig nicht beseitigt werden können.

Statt immer neue theologische Gründe für eine Bevormundung der Frauen zu erfinden und ihre heiligen Schriften gegen die Frauen auszulegen, sollten die Imame, Mullahs, Ajatollahs und Ulemas, aber auch der Papst, endlich die Gleichberechtigung aller Menschen zu verkünden beginnen und im gemeinsamen Weltethos der Religionen verankern. Dringend notwendig wäre auch die Abkehr vom Gottesstaatsmodell hin zu aufgeklärten Regierungsformen, wo eine Trennung von Religion und Staat sowie eine echte Gewaltenteilung gegeben ist.

Aufklärung tut not

Ende des 18. Jahrhunderts, also in der Zeit der Lehrtätigkeit von Immanuel Kant, gehörte es an der Königsberger Universität zur akademischen Ordnung, dass sich Professoren und Studenten am Dies Academicus – in ganz Europa der Donnerstag – in der Aula des Collegiums Albertinum aufstellten, um dann in feierlicher Prozession zur Universitätskirche zu schreiten. Es war eine Demonstration der von Kirche und preußischer Obrigkeit gewollten Einheit von Wissenschaft und christlicher Religion, konkret der Zusammengehörigkeit von akademischer und religiöser Gemeinde, von Staat und Kirche.

Kant, von 1770 bis 1796 Mitglied des Lehrkörpers der Universität, nahm zwar regelmäßig an der Prozession teil, scherte aber kurz vor dem Kirchenportal aus der Kolonne aus und ging um die Kirche herum nach Hause. Es war die Gegendemonstration der Aufklärung wörtlich genommen, wie er sie selber definiert hatte: Der »Ausgang« des Menschen aus seiner selbstverschuldeten Unmündigkeit, um ohne Leitung eines anderen, also in diesem Fall ohne die Bevormundung der Kirche, selbständig denken zu können. Es war eine Revolte gegen die geistige Vorherrschaft der Theologie über die Philosophie einschließlich der Naturwissenschaften, der Ausbruch aus dem Gefängnis religiöser Dogmen und transzendentaler Fixierungen.

Habermas und die Auferstehung

1929

Ausgerechnet Jürgen Habermas bedauerte in seiner Rede über »Glauben und Wissen« anlässlich der Verleihung des Friedenspreises des Deutschen Buchhandels »die spürbare Leere«, die die »verlorene Hoffnung auf Resurrektion« hinterlasse – ein schwer verständlicher Lapsus, wo doch heute wie damals ein ständig wachsendes Übermaß an Moral, gesättigter Spiritualität und intoleranter Religiosität die öffentliche Diskussion und die Medien (»Wir sind Papst«) beherrscht und religiös motivierte fundamentalistische Fanatiker unter Missbrauch des Namens Gottes kreuzzugähnlich die Zivilisation terrorisieren: Die Welt soll wieder auf eine sakrale Grundlage gestellt werden.

Kant verlor bis ins hohe Alter nicht den Widerwillen gegen den in der Schule und im Pietismus erfahrenen religiösen Zwang. Den Verlust des Transzendentalen zum zentralen Problem der heutigen Menschheit zu erklären heißt doch, die Dinge auf den Kopf zu stellen, ganz in der spiritualistischen Denkweise des Papstes, der die Gottesferne der Menschen in den Mittelpunkt der sich angeblich anbahnenden Weltkatastrophe rückt und dafür auch noch die Menschen selber verantwortlich macht. Die Islamisten betreiben die Islamisierung, die christlichen Charismatiker und Opus-Dei-Fundamentalisten träumen von einer Rechristianisierung der Welt, wie sie auch der Tea-Party in den Vereinigten Staaten vorschwebt, und führende Hindus, vor allem die Bharathiya Janata Partei (BJP), trachten danach, den Hinduismus zur indischen Staatsreligion zu erklären. Die Retheologisierung der Gesellschaft richtet sich aber immer zuerst gegen die Meinungsfreiheit und dann gegen die Frauen.

Die frommen Eiferer von Jerusalem

Der frauenfeindliche Fundamentalismus des Islam und der katholischen Kirche findet eine Entsprechung in Israel. In Jerusalem wollen ultraorthodoxe Juden verhindern, dass Frauen in der Öffentlichkeit singen. Loreleygeängstigt fürchten sie, dass durch den Gesang die Männer in Versuchung geführt werden könnten. Die frommen Eiferer der orthodoxen Juden hätten es am liebsten, wenn nicht nur der Körper-, sondern auch jeglicher Hör- und Sprechkontakt zwischen unverheirateten Männern und Frauen gesetzlich verboten würde. In den Radio- und Fernsehsendern sollen keine Frauen mehr ans Mikrofon gelassen werden, und sogar die Bilder kleiner Mädchen müssen in der Stadt von den

Plakatwänden verschwinden. Dieser Fundamentalismus greift auch in der israelischen Armee Raum. Religiöse Soldaten weigerten sich bei offiziellen Feiern, Sängerinnen zuzuhören.

Der Phantasie sind keine Grenzen gesetzt. Bei offiziellen Anlässen soll es einen Sichtschutz geben zwischen Männern und Frauen. Die Journalistin Anat Hoffmann hatte eine Torarolle an die Klagemauer in Jerusalem getragen, um dort mit anderen Frauen zu beten. Dafür droht ihr nun bis zu einem Jahr Haft, weil an der Mauer nur Männer gemeinsam beten dürfen und Frauen das Lesen der Tora in der Öffentlichkeit untersagt ist.[34] Eine andere, schon 1997 erdachte Erfindung dieser kranken Gehirne ist der sogenannte »strikt koschere Bus«, in dem Männer vorne und Frauen hinten sitzen müssen. Die Plakatflächen bleiben in bestimmten Stadtvierteln absolut frauenfrei.

In Ostdeutschland gibt es ausländerfreie Dörfer, in Jerusalem frauenfreie Plakate. Etwas ist klar geworden: Mit den Ultraorthodoxen dieser Sorte kann man keine Kompromisse machen. Dies gilt gleichermaßen für Islamisten und Rechtsradikale.

Ein Haufen korrupter Angsthasen

Es wäre eine spektakuläre, aber eminent wichtige Maßnahme, wenn bei den nächsten Olympischen Spielen, und wenn dies nicht geht, dann bei den übernächsten, diejenigen Staaten von der Teilnahme ausgeschlossen würden, die sexuelle Apartheid betreiben. Warum wird Rassendiskriminierung beim Sport geächtet, Geschlechtsapartheid aber geduldet? Bei den Olympischen Spielen haben Frauen aus Äthiopien, Syrien und Algerien große sportliche Leistungen vollbracht. Im Iran, in Saudi-Arabien, Afghanistan, im Sudan, den Vereinigten Arabischen Emiraten, in Pakistan, Kuwait, Katar und Oman ist den Frauen sportliche Betätigung in der Öffentlichkeit verboten, oder sie wird ihnen durch absurde Bekleidungsvorschriften oder gewaltsame Einschüchterungen unmöglich gemacht.

In der Olympischen Charta heißt es im 1. Kapitel: Alle Formen der Diskriminierung mit Bezug auf ein Land oder eine Person, sei es aus Gründen von Rasse, Religion, Politik, Geschlecht oder aus sonstigen Motiven, sind mit der olympischen Bewegung unvereinbar. Wer diese Prinzipien missachtet, kann entweder suspendiert werden oder die Akkreditierung verlieren bzw. erst gar keine Akkreditierung erhalten. Das Internationale Olympische Komitee kümmert sich aber offensichtlich einen Dreck um die eigene Charta.

Die Weigerung des IOC, den olympischen Statuten Geltung zu verschaffen, ist leider nur ein Fall von vielen. Seit den muslimischen Massenprotesten gegen die Mohammed-Karikaturen in einer dänischen Zeitung haben die Mullahs die westlichen Demokratien das Fürchten gelehrt. Anstatt die persönliche Meinungs- und Redefreiheit zu schützen und auf der Wahrung der

Menschenrechte zu bestehen, gehen immer mehr Institutionen, Organisationen, Journalisten und Politiker in vorauseilendem Gehorsam vor dem gewaltbereiten Islam in die Knie.

Die Erzeugung von Angst ist ein wirksames Mittel, um in einer Gesellschaft illegale und totalitäre Ziele durchzusetzen. Das kennen wir aus unserer eigenen Geschichte. »Bestrafe einen, erziehe hundert«, hatten die Stasileute von Mao gelernt. Hatte Osama bin Laden vielleicht doch recht, der die Europäer für einen Haufen korrupter Angsthasen hielt?

Minarette

Es wird in den Kommunen, auch in den christlichen Gemeinden, immer häufiger gefordert, dass wir den hier lebenden Muslimen mit derselben Münze heimzahlen sollten, mit der in islamischen Ländern, sogar in der Türkei, die Ausübung der christlichen Religion behindert, wenn nicht gar verhindert und der Bau von christlichen Kirchen sogar verboten oder durch Grundstücksschwierigkeiten unmöglich gemacht wird. In Mannheim, Köln und Berlin wollten Bürger die Gebetsrufe der Muezzins nicht durch Glockengeläut übertönen, sondern durch ihre Proteste verhindern, dass Moscheen überhaupt gebaut werden. Dabei handelte es sich hier nicht um Gotteshäuser für Islamisten, sondern für erwiesenermaßen friedliche muslimische Gemeinden. Viele wollen einfach keine Minarette sehen müssen, auch wenn sie selbst gar nicht zu den Kirchgängern gehören. Diese Deutschen sollten aber einmal die Frage beantworten, ob Mannheim und Berlin am Nil oder an Neckar und Spree liegen. Wollen wir uns so benehmen wie die intoleranten Religionswächter in Afrika? Oder uns die Rechtsextremen zum Vorbild nehmen, die als »Bürgerbewegung pro Köln« bzw. als »Bürgerbewegung pro NRW« gegen Moscheenbauten in Köln oder aktuell in Remscheid zu Felde ziehen? Es scheint, als hätten einige hierzulande einen Sonnenstich bekommen.

Autoritäre Politik

Vertrauensverlust

Wir befinden uns mitten in einer Entwicklung der Demokratie, die uns Sorge machen muss. Laut einer Umfrage des Hamburger Trendbüros vom März 2011 haben 85 Prozent der Bürgerinnen und Bürger das Vertrauen in die Politik verloren, 63 Prozent der Befragten sagten zudem, dass ihr Vertrauen in die Politik in den vergangenen zwei Jahren gesunken sei.[35] 1990 gab es 28 Bürgerbegehren, bis zum Jahre 2009 verzehnfachte sich deren Zahl auf 290. Die Volksparteien und die Gewerkschaften verloren dramatisch an Mitgliedern. Dementsprechend ging die Wahlbeteiligung seit dem historischen Höchststand von 91,1 Prozent im Jahr 1972 zurück – bei den letzten Bundestagswahlen 2009 wurde das Rekordtief von 70,8 Prozent erreicht. Auch die Kirchen verzeichneten enorm viele Austritte, und zwar bereits vor den Missbrauchsfällen. Katholiken und Protestanten verloren seit 1990 zusammen über sechseinhalb Millionen getaufte Gläubige.[36]

Der Beginn des Vertrauensschwundes in der Bevölkerung lässt sich genau datieren. Der gescheiterte Versuch Helmut Kohls 1984, durch ein Amnestiegesetz nicht nur die Geber, sondern auch die Empfänger von Parteispenden, also die Politiker selber, der Strafverfolgung zu entziehen, kann als trauriger Beginn des Verfalls der Glaubwürdigkeit der politischen Parteien bezeichnet werden. Verstärkt wurde dieser in den Folgejahren durch die Flick-Affäre, die Rücktritte der Parlamentspräsidenten Rainer Barzel und Philipp Jenninger, den bis heute ungeklärten spektakulären Tod (Mord oder Selbstmord) des schleswig-holsteinischen Ministerpräsidenten Uwe Barschel in der Badewanne eines Genfer Hotels, die monströse Desavouierung der Politik durch den Rückzug der Energiewirtschaft aus der atomaren Entsorgung am Standort Wackersdorf, das Hin und Her bei der Quellensteuer und vor allem die völlig unverständliche Entscheidung, auf der einen Seite für 22 Millionen Pkw-Fahrer die Mineralölsteuer zu erhöhen, aber für 5000 Privatflieger die Benzinsteuer ganz abzuschaffen.

Eine bedeutende Rolle spielte bei dieser Entwicklung auch die veränderte Wahrnehmung des Wirtschaftssystems. Seit Ende der siebziger Jahre stellt das demoskopische Institut Allensbach auf meine Anregung hin die Frage: »Stimmen Sie dem Satz, ›wenn es der Wirtschaft gut geht, dann geht es auch mir gut‹, zu?« Damals antworteten über 80 Prozent der Leute mit »ja, dann geht es auch mir gut«. Heute sind es noch knappe 20 Prozent. Dieses Misstrauen gegenüber dem Wirtschaftssystem wurde von den Bürgern auf die Politik übertragen, da sie völlig zu Recht davon ausgehen, dass die Politik für die Fehlentwicklungen in der Wirtschaft, so auch für die jüngste Finanzkrise, verantwortlich sei.

Triumph des Neoliberalismus

Die um sich greifende Vertrauenskrise fand nur eine kurze Unterbrechung zum Zeitpunkt der Deutschen Einheit im Oktober/November 1990, um sich anschließend umso mehr zu verschärfen. Im Westen war es die Steuerlüge Helmut Kohls vor der Bundestagswahl 1990, also das später gebrochene Versprechen, wegen der Einheit keine Steuern zu erhöhen. Auf der anderen Seite wurden im Osten die gutgläubigen Hoffnungen der neuen Bundesbürger auf die Soziale Marktwirtschaft nach und nach bitter enttäuscht.

Nicht Ludwig Erhard war der wirtschaftliche Patron der Deutschen Einheit, sondern Milton Friedman und seine Adepten in den wirtschaftswissenschaftlichen Instituten der Republik, die ganz erheblich von der Großindustrie und den Versicherungskonzernen finanziell alimentiert wurden. Die ideologische Renaissance des Wirtschaftsliberalismus führte schließlich dazu, dass in den neuen Bundesländern nicht, wie 1950 im Ruhrgebiet, Industriepolitik betrieben wurde, sondern mit Hilfe der Treuhand die gesamte ostdeutsche Wirtschaft privatisiert, dereguliert und schließlich filetiert, das heißt durch politische Entscheidungen zerstört wurde. Millionen Menschen verloren ihren Arbeitsplatz und begegneten nicht wie erhofft der Sozialen Marktwirtschaft, sondern blickten in die hässliche Fratze des Kapitalismus.

Damals verfestigte sich bei immer mehr Menschen

der Eindruck, dass in der Politik zunehmend autoritäre Strukturen etabliert würden und es nicht länger um die Abwägung des menschlich Notwendigen und Sinnvollen ginge, sondern allein um die Durchsetzung wirtschaftlicher Interessen. Dieses Misstrauen färbte auch mehr und mehr auf die Abgeordneten und die politischen Parteien insgesamt ab. Zunehmend hatten sich die Parlamentarier parteitaktischem Kalkül und eiserner Parteidisziplin zu beugen.

Das Scheitern des Bündnisses für Arbeit Ende der neunziger Jahre war ein politisches Desaster. Das von den Gewerkschaften vorgeschlagene und an sich für die Bundesregierung hochwillkommene Bündnis, in dem alle Seiten – Regierung, Arbeitnehmer und Gewerkschaften – Zugeständnisse machen sollten, um ein konsensfähiges Fundament für die zukünftige wirtschafts- und arbeitsmarktpolitische Entwicklung zu finden, wurde nämlich auf Druck der Großindustrie von den Spitzen von Union und FDP im wahrsten Sinne des Wortes torpediert: Am 20. April 1996 wurde, ohne dass die Unionsfraktion ausreichend informiert und konsultiert worden war, den Gewerkschaften die zwanzigprozentige Kürzung der Lohnfortzahlung verkündet.

Durch diese einseitige Aufkündigung des Bündnisses für Arbeit und die damit einhergehende Demütigung der Gewerkschaften durch die Bundesregierung hatte die neoliberale Ideologie über die Soziale Marktwirtschaft gesiegt. Der sie tragende Konsens- und Partnerschaftsgedanke war nicht nur auf der politischen Ebene, sondern auch zwischen Gewerkschaften und Arbeitgebern gescheitert. Der Präsident des Bundesverbandes der Deutschen Industrie, Hans Olaf Henkel, konnte ungeniert triumphieren.

Die Agenda 2010

Das soziale Klima wurde mehr und mehr vergiftet. Der Vertrauensschwund in der Bevölkerung nahm rasant zu. Das Ende des Bündnisses für Arbeit war der Anfang vom Ende der CDU als Regierungspartei bei der darauffolgenden Bundestagswahl 1998. Und nun hätte man denken können, dass die SPD, die mit einer massiven Kampagne gegen den Sozialabbau mit den Grünen an die Regierung gekommen war, diesen Vertrauensverlust gestoppt hätte. Aber das Gegenteil war der Fall. Nach der Bundestagswahl machte die SPD-Führung plötzlich Front gegen den bis dahin unbekannten »Rundum-Sorglos-Staat«, den sie möglichst rasch durch den »aktivierenden Sozialstaat« ersetzt sehen wollte.

Gerhard Schröder verkaufte Tony Blairs »New Labour«-Programm als Neue Mitte und machte sich daran, getrieben von den Verbänden der Arbeitgeber, den Sozialstaat zurechtzustutzen, was zum Rücktritt des konzeptionell und intellektuell besten Kopfs der SPD Oskar Lafontaine führte. Die Agenda 2010 verursachte immer größere soziale Einschnitte, um schließlich beim Super-GAU Hartz IV zu landen. Der Mensch wurde regierungsamtlich zum Kostenfaktor erklärt. Im Jahre 2010 kam es wegen dieser Gesetzgebung zu 160 000 Klagen vor den Sozialgerichten. So etwas hatte es in der Geschichte der Republik noch nicht gegeben. Die SPD hatte das Lied vom Tod des Sozialstaats angestimmt und musste anschließend ihr eigenes Requiem zelebrieren.

Die Agenda 2010 markiert den endgültigen Wendepunkt zu einem autoritären Politikverständnis: Macht ist das Privileg, nicht mehr hinhören zu müssen, weil man ja das Sagen hat. Zwischen der rot-grünen Führung und der Bevölkerung war der Faden gerissen. Und zwar nicht, weil Gerhard Schröder den Problemen, die er sah, nicht gerecht geworden wäre, sondern weil er die Probleme, wie sie die Wähler sahen, nicht mehr erkannt hat.

Die Bundestagswahl 2005 präsentierte der Regierung die Rechnung: Die Stimmen, die Rot-Grün verlor, konnte die Linke als Zugewinn verbuchen. Die Wahl war das Spiegelbild der seelischen Verfassung der Deutschen und die Linkspartei die adäquate Antwort auf den desolaten Zustand der SPD. Nach sieben Jahren Rot-Grün hatten die Menschen in Deutschland Angst, 80 Prozent allein vor der Arbeitslosigkeit und Armut.[37] Gerhard Stadelmaier bezeichnete sie in der »Frankfurter Allgemeinen Zeitung« als »deprimierte Knirpse« und schlecht gelaunte Destruktivisten, die eines leidensfähigen und selbstverständlich nicht krankenversicherten Friedrich Schiller in dessen Jubiläumsjahr unwürdig seien.[38] Aber in Wirklichkeit verzweifelten die Wähler wohl eher über eine Politik, die offensichtlich schon damit überfordert war, Lohndumping aus Osteuropa zu verhindern.

Die später aufgestellte Behauptung, die Agenda 2010 hätte die Basis für den wirtschaftlichen Erfolg nach der Finanzkrise geschaffen, ist durch nichts begründet und nur auf eine Verfälschung der Arbeitslosenstatistik zurückzuführen. Während die Zahl der sozialversicherungspflichtigen Vollzeitarbeitsplätze kaum zunahm, entwickelten sich die von der Agenda 2010 empfohlenen und gesetzlich verankerten sechs Millionen Minijobs, von denen die Leute jedoch nicht leben können. Wenn ein arbeitsmarktpolitisches Instrument die Stabilität der deutschen Wirtschaft garantiert, dann das schon in den siebziger Jahren eingeführte Kurzarbeitergeld.

Zwei historische Irrtümer

Der massive Vertrauensverlust in die Parteien und die Politik auf der einen Seite führte auf der anderen Seite dazu, dass sich die Bürgerinnen und Bürger immer stärker in Organisationen und Verbänden engagierten. Der Zulauf aus der Zivilgesellschaft, den attac, Amnesty International, Greenpeace, der BUND, Ärzte ohne Grenzen, aber auch die Naturschutzverbände und naturorientierte Sportorganisationen wie der Deutsche Alpenverein bekamen und bekommen, ist auch eine Antwort auf die Renaissance zweier historischer Irrtümer der deutschen Politik.

Der erste Irrtum, der die Distanz der Menschen zur Politik bedingt, ist die weitverbreitete Auffassung, Politik sei ein dreckiges Geschäft, das intelligente und anständige Leute besser nicht betreiben sollten. Ein Vorurteil, das vor allem im deutschen Bürgertum sowie in der akademischen Elite und unter Adeligen gepflegt wurde. Geist und Macht galten als unversöhnliche Gegensätze – ein kulturhistorischer Trugschluss, der leider bis heute fortwirkt. Hitler hätte verhindert werden können, wenn die Deutschen nach dem Tode Friedrich Eberts nicht gerade Hindenburg zum Reichspräsidenten gewählt hätten, der nach eigenen Aussagen außer der Bibel und dem preußischen Exerzierreglement noch kein Buch gelesen hatte.

Der zweite typisch deutsche Irrtum ist der autoritäre, nämlich die Annahme, dass das deutsche Volk jemanden benötige, der es führe und ihm sage, wo es langgehe. Warum also nicht gleich das Parlament entmachten zugunsten einer charismatischen Führungsfigur?

Entmachtung des Parlaments: Die Basta-Politik

Seit der Kanzlerschaft von Gerhard Schröder hat sich diese autoritäre Politikkonzeption auf besondere Weise verschärft. Die großen Entscheidungen werden nun nicht mehr zuerst im Parlament und in den Fraktionen diskutiert, sondern an von der Regierung oder den Parteivorständen eingesetzte Ausschüsse und Kommissionen delegiert. Das mag im Einzelfall sinnvoll sein. Wenn es aber zur Regel wird, führt diese Entmachtung des Parlaments zu politischen Fehlern und falschen Weichenstellungen, wofür die Entwicklung der Sozial- und Gesundheitspolitik in den letzten Jahren das fatalste Beispiel ist. So wurden die Vorschläge der Hartz-Kommission weder in der Öffentlichkeit noch in den politischen Parteien noch in den Parlamenten ausreichend diskutiert. Kaum lagen sie auf dem Tisch, sprach Kanzler Schröder ein Machtwort: Basta, so soll es sein.

Basta-Politik ist seitdem der Name für eine autoritäre Politik in einer Demokratie. Zwar wurden die Kommissionsvorschläge auf Parteitagen im Nachhinein beschlossen, aber eben vorher nicht zur Diskussion gestellt. Den politischen Parteien und den Parlamenten wurde die Pistole auf die Brust gesetzt: entweder Zustimmung oder Schwächung der Bundesregierung. Es ist nicht schwer zu erraten, wie Delegierte und Abgeordnete in einem solchen Dilemma reagieren. Sie parieren, weil sie die mühsam eroberte Macht nicht gefährden wollen.

In der CDU liefen die Dinge auch nicht besser. Angela Merkel hatte in Vorbereitung des Leipziger Parteitags von 2003 eine Kommission unter Vorsitz des in der Sozialpolitik gänzlich unbeschlagenen ehemaligen obersten Bundesverfassungsrichters Roman Herzog eingesetzt, um die Gesundheits- und Rentenpolitik zu reformieren. Ausgewiesene Experten wie Horst Seehofer erhielten keinerlei Möglichkeit, argumentativ auf die Kommissionsvorschläge einzuwirken. Am Tag nach deren Übergabe an die Parteivorsitzende erklärte Angela Merkel basta-mäßig, dass diese Vorschläge nun eins zu eins umgesetzt werden müssten. Berechtigte Einwände, beispielsweise gegen die dann beschlossene, unsinnige Kopfpauschale, wurden niedergewalzt.

Die Bundestagswahl 2009 war die Reaktion des Volkes auf die autoritäre Politik der beiden großen Parteien. Die CDU landete im 30-Prozent-Turm, wo sich die SPD schon vorher befunden hatte, nun aber – bedingt durch den Erfolg der Linkspartei – weiter auf die 20-Prozent-Ebene absackte. Angela Merkel zog daraus die Konsequenzen und distanzierte sich zwar nicht verbal, aber durch die politischen Fakten von den Beschlüssen des Leipziger Parteitages.

Solon

Kommen wir noch einmal auf den griechischen Gesetzgeber Solon zurück. Er hatte auf die Frage, wie man Unrecht verhindere, geantwortet: »... indem sich die Nichtbetroffenen ebenso betroffen fühlen wie die Geschädigten«. Ist es nicht so, dass diejenigen Minister, Abgeordneten und Beamten mit Lebenszeitanstellung, die über das Schicksal von Arbeitslosen entscheiden, selber nie arbeitslos gewesen sind und auch nicht arbeitslos werden können? In der Hartz-Kommission saß nicht ein einziger Arbeitsloser, hier fassten nur Leute Beschlüsse, von denen sie persönlich nicht betroffen sein konnten, nämlich Hochschulprofessoren, Verbandsfunktionäre, Ministerialbeamte und Pfarrer. Die Politik erweist sich selbst als unmündig, wenn sie die großen Fragen aus der öffentlichen Debatte herausnimmt und an »Experten-kommissionen« delegiert und sich so weitgehend blind zeigt gegenüber den realen Problemen der Menschen.

Die Nichtbetroffenen ignorieren aber nicht nur die Probleme der Masse der einfachen Menschen, manche von ihnen sind dermaßen abgehoben, dass sie die Be-troffenen sogar noch verhöhnen. Der damalige Partei-vorsitzende der FDP und Vize-Kanzler Guido Wester-welle insinuierte in einem Gastbeitrag für »Die Welt«, die Hartz-IV-Empfänger lebten in »anstrengungslosem Wohlstand« und »spätrömischer Dekadenz«.[39] Das kann nur sagen, wer Hornhaut auf der Seele hat und noch dazu keine Bildung besitzt. Dekadent im alten Rom wa-ren ja nicht die Armen, die Arbeitslosen, die Sklaven. Dekadent waren die Oberschichten, die luxussüchtigen Eliten und die vielen Günstlinge am kaiserlichen Hof. Während das Volk hungerte, fraßen die Reichen auf ihren Gelagen bis zum Erbrechen, um dann mit dem Fressen weiterzumachen, sich erneut zu übergeben und anschließend in Eselsmilch zu baden. Heute badet die High Society in ihrem Überfluss, während die sechs Millionen Minijobber als moderne Lohnsklaven auf ver-fassungswidrige Hartz-IV-Leistungen gesetzt werden.

Orientiert sich unsere Republik, wie es unsere Ver-fassung vorschreibt, immer noch am Gemeinwohl?

Man kann dies bezweifeln. Der ehemalige Kulturstaats-
minister in der ersten Regierung Schröder, Michael
Naumann, schrieb in der »Frankfurter Allgemeinen
Sonntagszeitung«: »In der Bundesrepublik wurde man
(in den letzten Jahrzehnten) oben reicher, in der Mitte
bescheidener und unten ärmer.«[40] Nicht nur die unteren Schichten des Prekariats und die vom sozialen Abstieg bedrohte Arbeitnehmerschaft wurden entmündigt.
Auch der Mittelstand, der seine Ersparnisse durch Geld-
anlagen sichern wollte, landete in dem von der Kredit-
wirtschaft dominierten globalen Finanzcasino. Selbst ein
wirtschaftlicher Aufwung ändert nichts an dieser grund-
sätzlichen Beschaffenheit der Schröder'schen Erbmasse.

Die notwendige Demokratisierung Europas

Die autoritäre Struktur der bundesrepublikanischen
Politik, die sich vor allem in der Entmachtung des Par-
lamentes äußert, wurde in jüngster Zeit durch zwei
andere Entscheidungen manifestiert, nämlich die ener-
giepolitische Antwort auf Fukushima und die finanz-
politische Antwort auf die internationale Finanzkrise.
Mit der Energiewende hat die Bundesregierung zwar
eine ihrer besten Taten vollbracht, aber sowohl die politischen Parteien wie letztendlich auch das Parlament wurden von dem von Angela Merkel verkündeten Ausstieg
aus der Atomwirtschaft regelrecht überfahren. Dasselbe
gilt für die stetigen Aktivitäten der Bundeskanzlerin zur

Bewältigung der Finanzkrise. Es gibt inzwischen einen latenten Konflikt zwischen dem Kanzleramt und dem Bundestagspräsidium, zwischen der Kanzlerin und dem Parlamentspräsidenten Norbert Lammert.

Nun kann die Kanzlerin unter den gegebenen Umständen gar nicht anders handeln und die nachträgliche Zustimmung des Parlaments ist nicht viel mehr als ein demokratisches Feigenblatt. Aber wie soll eine solche Finanzkrise anders behandelt und bewältigt werden als durch autoritäre Entscheidungen und Vereinbarungen auf der europäischen und internationalen Ebene? Etwas scheint klar zu sein: Die Europäisierung und Internationalisierung der wichtigsten politischen Fragen werden auf die Dauer die Bedeutung des Nationalstaats verringern und die nationalen Parlamente entscheidend schwächen. Berlin, Paris, Madrid, Rom, Moskau, aber auch Washington werden an Bedeutung verlieren, Brüssel und New York hingegen an Einfluss gewinnen. Ist damit die Demokratie am Ende?

Nein, doch um diese Entwicklung demokratisch zu gestalten und den Machtverlust des Nationalstaats zu kompensieren, muss es zur Bildung einer effektiven europäischen Regierung kommen, verbunden mit der Stärkung des Europäischen Parlaments, um gemeinsame Antworten auf die großen Fragen der Außen-, Verteidigungs-, Finanz- und Wirtschaftspolitik zu finden. Gleichzeitig werden im Sinne einer subsidiären und föderalen Architektur die Gemeinden und Städte, die kommunalen Gebietskörperschaften, aber auch die zivilgesellschaftlichen Kräfte immer wichtiger. Der amerikanische Soziologe Daniel Bell sagte schon vor Jahren, der Nationalstaat sei für die großen Dinge zu klein und für die kleinen Dinge zu groß.[41]

Renaissance des Nationalismus

Genau diese Erkenntnis wollen viele in der Bundesrepublik, aber auch in Europa und in den Vereinigten Staaten, nicht wahrhaben. Konservative Kräfte arbeiten in allen Ländern intensiv an der Stärkung des Nationalbewusstseins und der nationalpolitischen Strukturen. Als Reaktion auf autoritäre Bestrebungen der Europäischen Kommission, wie beispielsweise bei der Ablehnung der elektronischen Datenerfassung und -speicherung, ist dagegen nichts einzuwenden. Es fällt jedoch auf, dass sich ultrakonservatives, nationalkonservatives, zum Teil auch rechtsradikales Gedankengut in deutschen Ämtern, Behörden, ja sogar Parlamenten ausbreitet.

Jetzt soll mit einem Aufwand von einer halben Milliarde Euro das architektonisch eher mittelmäßige Hohenzollernschloss in Berlin aus doch recht fragwürdigen nationalistischen Gründen wieder aufgebaut werden, während den Theatern und Orchestern in der Republik das Geld ausgeht. Damit pflegen wir dann das Erbe des Hohenzollernkönigs Friedrich II., genannt der Große, der gegen seine eigene Kaiserin Krieg führte und so zum Vorläufer des nationalen Unglücks des kleindeutschen Reiches mit kurzlebigen Hohenzollern-kaisern wurde.

In welchem Geisteszustand, so darf man fragen, befindet sich eigentlich die Verwaltung und Regierung von Berlin, die im Herzen ihrer Stadt das dümmste Monument der Republik anstandslos akzeptiert, nämlich die Siegessäule mit eingelassenen Kanonenrohren, aus denen die Preußen auf deutsche Landsleute und Franzosen geschossen haben, und die Hindenburgplätze, ja sogar Dserschinski-Straßen für angemessen hält, es aber ablehnt, auch nur eine Nebenstraße nach dem von rechts-extremen Nationalisten ermordeten ersten Reichsfinanz-minister Matthias Erzberger zu benennen? Liegt es daran, dass Erzberger ein Mitglied der bismarckkritischen Zentrumspartei war sowie Vorsitzender der deutschen Waffenstillstandskommission 1918, die die Verbrechen und Dummheiten der deutschen Generalität und des Kaisers Wilhelm II. auszubaden hatte? Hindenburg und Ludendorff, die dort eigentlich hingehört hätten, waren dafür zu feige.

Die Ausländer- und Asylpolitik in Deutschland ist nach wie vor bestimmt von tendenziell ausländerfeindlichen Abschottungs- und Abschiebungspraktiken. Die Asylsuchenden hier haben deshalb nur begrenzt Zugang zu Bildung und Gesundheitsversorgung, Wohnraum und Sozialleistungen. Sie werden mitunter in ihre Herkunftsländer abgeschoben, auch wenn ihnen dort bei ihrer Rückkehr Verfolgung und Diskriminierung drohen, oder sie werden – wie 2010 in 55 Fällen geschehen – nach Griechenland überstellt, obwohl es da bekanntermaßen an einem funktionierenden Asylverfahren mangelt. In einigen Fällen musste das Bundesverfassungsgericht eingreifen, um rechtswidriges Verhalten der Ausländerämter zu unterbinden.

Amnesty International kritisiert in diesem Zusammenhang die mangelnde Bereitschaft der deutschen Behörden, Vorwürfe über Misshandlungen seitens der Polizeiorgane angemessen zu untersuchen. In zahlreichen Fällen rechtswidriger Polizeigewalt wurden Täter nicht zur Verantwortung gezogen. Die Opfer hatten es schwer, Gerechtigkeit und Wiedergutmachung zu erlangen.

Nach wie vor gibt es in den neuen Bundesländern sogenannte national befreite Zonen, also Bereiche, in denen Ausländer, Migranten und Linke nicht geduldet und gewaltsam vertrieben werden. Der frühere Bürgermeister von Palermo, Leoluca Orlando, hat gegenüber dem Journalisten Heribert Prantl einmal gesagt, man dürfe den öffentlichen Raum nicht der Mafia überlassen. In Ostdeutschland sind es rechte Kameradschaften, so Prantl weiter, die den öffentlichen Raum besetzen. In vielen Kleinstädten ist der Rechtsextremismus zur dominanten Jugendkultur geworden, und auf den Höfen der Berufsschulen dominieren kahlgeschorene junge Männer das Bild. Die NPD und die DVU sitzen in den kommunalen Parlamenten.[42]

Braungefärbte Schlapphüte

Die politischen Vorstellungen, die in deutschen Ämtern, vor allem in den Verfassungsschutzbehörden, gehegt und gepflegt werden, kamen deutlich zum Ausdruck, als Ende 2011 entdeckt wurde, dass Neonazis in den vergangenen zehn Jahren neun Menschen systematisch getötet hatten. Einer der Ermordeten besaß einen Döner-Laden, die anderen waren Blumenhändler, Kiosk-Besitzer, Änderungsschneider. Aber sie hatten etwas gemeinsam: Es waren alles Migranten, und zwar Türken, mit Ausnahme eines Griechen. Diese Verbrechen wurden in den Behörden und fast in der gesamten deutschen Presse unter dem Begriff »Döner-Morde« abgehandelt. So entstand der Eindruck, es handele sich um die Mordserie einer Türkenmafia im Döner-Milieu. Die Ermittlungsbehörden nährten jahrelang diesen Verdacht, ganz nach dem Motto: die Ermordeten sind selber schuld, mit schlimmen seelischen und gesellschaftlichen Folgen für die Angehörigen. In Wirklichkeit waren es Serienverbrechen einer neonazistischen Terrorzelle mit rechtsextremistischem Hintergrund. 32 Landeskriminal- und Verfassungsschutzämter hatten es nicht geschafft, den »Nationalsozialistischen Untergrund (NSU)«, wie die Täter sich selbst nannten, aufzudecken und diese Mordserie zu verhindern.

Wichtig für die Verfassungsschutzämter war hingegen die Bekämpfung des Linksterrorismus. Ein Zentrum gegen islamische Gewalt wurde gegründet, und in den Berichten des Verfassungsschutzes wird die Forderung nach Abschaffung des Kapitalismus als verfassungsfeindlich bezeichnet. Im Bundesinnenministerium und beim Bundesverwaltungsgericht wird dieses einfältige Argument gebilligt, als ob der Kapitalismus die Wirtschaftsform des Grundgesetzes sei. Ein Teil der Schlapphüte ist offensichtlich selber braun angehaucht, und das gilt auch für andere staatliche Instanzen. Anders ist die Farbenblindheit dieser Ämter nicht zu verstehen. Beim letzten Berliner Wahlkampf hatte die NPD Plakate mit dem Slogan »Gas geben« rund um das Denkmal für die ermordeten Juden und das Jüdische Museum aufgestellt. Es ist nicht bekannt, dass die Berliner Behörden dagegen eingeschritten wären. In Deutschland sind die meisten Ämter getrimmt auf die Bekämpfung des Linksextremismus, während der Rechtsextremismus, auch wenn er Mordserien zu verantworten hat, als zu vernachlässigende Größe behandelt wird.

Verlust der Barmherzigkeit

Parallel zur Verbreitung rechtsradikalen Gedankengutes, so in der Ablehnung von Frauenquoten, der Ausländerfeindlichkeit (siehe Thilo Sarrazin) und der Propagierung von Disziplin und Gehorsam in Familie und Schule, bildet sich in unserer Gesellschaft eine seelische Hornhaut, die die Menschen unempfindlich macht für die Not ihrer Mitmenschen. Die politischen Parteien, die gesamte politische Klasse, die Beamtenschaft, die

Angestellten der Öffentlichen Hand zeichnen sich oft aus durch eine zunehmende Verrohung. Rüpelhaftes und rücksichtsloses Benehmen der Organe des Staates ist charakteristisch für die heutige Sozial-, Arbeitsmarkt- und Gesundheitspolitik den Schwächeren und Armen gegenüber.

Es gibt bei den Wohlfahrtsverbänden erschütternde Berichte über die Demütigungen, denen Arbeitslose in den Agenturen ausgesetzt sind. Der 50-jährige Opel-Arbeiter in Bochum, der 35 Jahre Steuern und Beiträge bezahlt, Kinder großgezogen und gute Arbeit in seiner Firma abgeliefert hat und dann arbeitslos wird, weil die Konzernmutter General Motors den Karren an die Wand gefahren hat, wird nach einem Jahr Arbeitslosengeldbezug auf die unterste Sprosse der Sozialleiter geschoben. Er wird Fürsorgempfänger, und das Geld bekommt er erst, wenn er vorher fast alles versilbert hat, was er für sich und seine Familie erarbeiten konnte.

Die Parole »fordern und fördern« ist die Überschrift für eine bisher in der bundesdeutschen Sozialgeschichte nicht gekannte Schikaniererei der Elendesten in unserer Gesellschaft. Der Opel-Arbeiter wird behandelt, als hätte er nie etwas geleistet, seine Verbindung zum Arbeitsleben wird durch die Fürsorgeleistung völlig gekappt. Die Herzlosigkeit von Hartz IV zeigt sich nicht in der geringen Summe, die die Menschen bekommen. Diese Menschen werden vielmehr in ihrer Menschenwürde verletzt. Hartz IV ist nichts anderes als die in Paragraphen gegossene staatliche Missachtung ihrer Lebensleistung. Konjunktur hin oder her: Dieses Schicksal kann in Deutschland jedem blühen – mit Ausnahme der erwähnten Beamten, Professoren und Pfarrer. Hartz IV hat deshalb eine flächendeckende negative Wirkung. Die Menschen bekommen Angst vor der Zukunft, weil sie nicht wissen, ob und wann das Damoklesschwert der Arbeitslosigkeit sie trifft und zu Objekten dieses demütigenden Systems degradiert.

Die betroffenen Bürgerinnen und Bürger werden entmündigt von Politikern, die selber durch die Finanzindustrie entmündigt worden sind. Die Ökonomisierung der Gesellschaft hat dazu geführt, dass die politisch Verantwortlichen und die Angehörigen der Verwaltungen Menschen, die etwas kosten, als Feinde der Gesellschaft betrachten. Die Einstellung gegenüber Antragstellern und Hilfesuchenden hat sich pervertiert. Kostenargumente, Paragraphen und Zahlen dominieren über die persönlichen Schicksale betroffener Menschen. Unsere politische Klasse – Politiker, Minister, Beamte, Angestellte – scheint die Fähigkeit zum Mitleiden, zur Barmherzigkeit verloren zu haben.

»Im Zweifel für den Menschen«

Als Sozialminister in Rheinland-Pfalz war ich von 1967 bis 1977 auch für die Kriegsopferversorgung zuständig. Es gab immer wieder heftigen Streit um die richtige Einstufung der Kriegsversehrten hinsichtlich der Minderung ihrer Erwerbsfähigkeit – ein emotional aufgeladenes Thema. Ich habe die Versorgungsämter angewiesen, in Zweifelsfällen immer für den Menschen, also zugunsten der Kriegsopfer und ihrer Angehörigen zu entscheiden. Dadurch wurde nicht nur die Zahl der Klagen vor den Sozialgerichten minimiert, sondern auch das Selbstbewusstsein der Kriegsopfer gestärkt.

Die Arbeitsagenturen und die Sozialämter der Kommunen machen genau das Gegenteil. Die sogenannten Jobagenten – oft nur befristet angestellt und daher besonders eifrig beim Kürzen der Leistungen – werden vor allem aufs Sparen verpflichtet, weshalb sie in Zweifelsfällen das Gesetz immer gegen die Arbeitslosen auslegen, da das den Staat billiger kommt. Diese perverse Mechanik ist der eigentliche Grund, warum die Sozialgerichte von Hartz-IV-Klagen überschwemmt werden. Es ist eine amtlich verordnete Verrohung der Beamten und Angestellten, durch die das Vertrauen zwischen den betroffenen Bürgern und dem Staat weiter zerstört wird.

Auch mit den Ansprüchen der arbeitenden Bevölkerung wird Schindluder getrieben, zum Beispiel bei der Rente mit 67. Selten werden Menschen von anderen, die es wissen müssen, derart hinters Licht geführt wie hier. So erklärte der Vorsitzende des Sachverständigenrates, Wolfgang Franz, es gebe für die Finanzierung der Alterssicherung nur drei Möglichkeiten: Entweder man erhöht die Beiträge, das koste aber Arbeitsplätze, oder man kürzt die Renten, das sei den alten Menschen nicht zuzumuten, oder man arbeitet länger, das heißt, man erhöht die Altersgrenze für den Rentenbezug auf 67 Jahre. Wer früher in Rente gehe, müsse dann erhebliche Abschläge in Kauf nehmen. Der Professor verschweigt aber, dass von dieser Rentenkürzung all jene Arbeitnehmerinnen und Arbeitnehmer direkt betroffen sind, die gar keinen Arbeitsplatz finden. Zurzeit ist nur etwa jeder zehnte 64-Jährige sozialversicherungspflichtig beschäftigt. 90 Prozent der Bürgerinnen und Bürger bekämen also nach heutiger Beschäftigungslage eine geringere Rente. Aber dies ist ja nach den Worten des Professors für die Rentner gerade unzumutbar. Fazit: Die Rente mit 67 hat erst dann einen Sinn, wenn die Leute, so sie es wollen, auch bis zum Alter von 67 Jahren arbeiten können.

Die volle Rente von etwas abhängig zu machen, das der Einzelne gar nicht beeinflussen kann, nämlich von der Situation auf dem Arbeitsmarkt, kann man politisch wollen, aber dann muss man es auch klar sagen und darf den Leuten nicht ein X für ein U vormachen. Eine mit Beiträgen erarbeitete soziale Leistung im Nachhinein an eine Bedingung zu knüpfen, die der Betreffende nicht erfüllen kann, ist sozialpolitisch unsittlich und missbraucht das Vertrauen der Menschen in die Politik.

Die Großen 20

Das autoritäre Verhalten der deutschen Bürokratie wird auf internationaler Ebene weit übertroffen. Ende September 2009 trafen sich zur Bewältigung der Weltwirtschafts- und Finanzkrise die sogenannten G-20-Staaten in Pittsburgh, also die 19 wichtigsten Industrie- und Schwellenländer plus die Europäische Union. Dies wurde allgemein als großes Ereignis angesehen, vor allem in den Medien, und im Wesentlichen auch positiv bewertet. Aber wenn wir diese G-20-Länder einmal genauer unter die Lupe nehmen, müssen wir feststellen, dass in diesen Staaten die Menschenrechte massiv verletzt werden.

Es ist der alte Absolutismus der Politik: 78 Prozent aller Hinrichtungen finden in diesen Ländern statt. In 9 der 19 Länder – ohne die EU – gab es ungesetzliche Hinrichtungen und Tötungen durch den Staat, in 15 von ihnen werden Menschen systematisch gefoltert oder misshandelt, in 14 der 19 Staaten waren Menschen ohne Anklage oder Prozess in unverhältnismäßig langer Haft. Wir sprechen über China, Indien, Indonesien, die Türkei, Saudi-Arabien, Brasilien, Mexiko, Argentinien, Südafrika, Südkorea – die Liste unaufgeklärter G-19-Länder, die mental und moralisch im 18. Jahrhundert zu Hause sind, ist lang. Sogar in 12 Staaten der Europäischen Union wird die Meinungsfreiheit systematisch beschnitten, und 19 EU-Staaten missachten bei Asylsuchenden die Menschenrechte.

Die Erosion der Grundrechte im Westen

Global werden die Menschenrechte laut dem »Amnesty International Report 2009« in einem kaum fassbaren Ausmaß verletzt. Ein besonders schandbares Zeugnis des neuen unaufgeklärten Staatsabsolutismus ist das jahrelange Bemühen der US-Administration unter George W. Bush, das weltweit geltende und absolute Folterverbot aufzuweichen.

Die US-Regierung hat der geistigen Bewegung der Aufklärung schwer geschadet. Geheimhaltung und Straflosigkeit der Täter bilden den Nährboden für die Folter. Nichts hat die moralische Legitimation der den Zielen der Aufklärung verpflichteten westlichen Staaten mehr geschadet als Abu Ghraib und Guantánamo. In den westlichen Ländern wurde die Diskussion über eine Lockerung des Folterverbotes enttabuisiert und hoffähig gemacht. Die US-Behörden überstellten Gefangene in den Gewahrsam von Drittstaaten, wie beispielsweise Syrien, wo Folter bekanntlich zum Tagesgeschäft der Sicherheitskräfte gehört.

Diese Machenschaften der früheren US-Regierung sandten eine verheerende Botschaft an die Machthaber anderer Länder aus. Von Israel bis Usbekistan und von Ägypten bis Nepal haben sich die Regierungen in der Folge darauf berufen, dass sie angeblich im Namen der nationalen Sicherheit im Kampf gegen den Terrorismus die Menschenrechte und die Grundsätze des humanitären Völkerrechtes nicht mehr schützen und achten müssten.

Sogar innerhalb der Europäischen Union kommt es in Ungarn unter Anführung des Ministerpräsidenten Viktor Orbán, der früher ein überzeugter Widerständler gegen das kommunistische Regime war, zu einer schleichenden Erosion der Grundrechte. Das von Orbán inzwischen etablierte üble rechtsnationalistische Regime ist der schlimmste Rückschritt, den die Demokratie in Europa seit 1989 erlebt hat. Pressefreiheit, Meinungsvielfalt, Toleranz, Unabhängigkeit der Justiz, Freiheit der Kultur – all das, was schon die kommunistischen Diktatoren verweigerten, macht jetzt in Ungarn eine Regierung zuschanden, die zwar demokratisch gewählt ist, aber dem Geist der Demokratie zuwiderhandelt.

Auch dies ist ein Beweis dafür, dass demokratische Wahlen allein noch kein Garant für eine funktionierende Demokratie sind. Orbán hatte sogar eine Zwei-Drittel-Mehrheit. Aber Ungarn ist keine Demokratie mehr, wenn demokratisch gewählte Politiker ein ehedem freies Land ungestraft in einen autoritären Staat verwandeln können.

Globale Menschenrechtskrise

Neben diesem staatlichen Absolutismus erleben über drei Milliarden Menschen die absolutistische Gewalt eines von der Politik gestützten Wirtschaftssystems, das die Verantwortung dafür trägt, dass mehr als eine Milliarde Menschen keinen Zugang zu sauberem Wasser haben,

72 Millionen Kinder keine Schule besuchen können und wir auf der Erde 800 Millionen Menschen haben, die weder lesen noch schreiben können, zwei Drittel davon Frauen. Die meisten der 25 Millionen HIV-Infizierten oder an Aids erkrankten Menschen in Afrika bleiben ohne ausreichende medizinische Versorgung, weil kostenlose oder preiswerte Medikamente nicht zur Verfügung stehen. Noch immer leiden laut dem Welthungerbericht von 2011 etwa eine Milliarde Menschen an Hunger, alle dreieinhalb Sekunden stirbt ein Mensch an Unterernährung, das sind zehn Millionen im Jahr, davon sechs Millionen Kinder.

Wenn wir einmal die jetzige Situation mit den Zuständen vor 250 Jahren vergleichen, die damals die Besten der Welt, die gescheitesten Menschen, die großen Philosophen dazu bewegten, die Aufklärung in Gang zu setzen, dann übertrifft das Versagen der internationalen Staatengemeinschaft in ihren ökonomischen, ökologischen, sozialen und rechtlichen Ausmaßen um ein Mehrfaches die Missstände, die damals Anlass waren für die Menschenrechtsinitiativen der Aufklärer. Wir sind die Zeitzeugen einer globalen Menschenrechtskrise. Milliarden leiden unter dem Absolutismus der Nationalisten, Kapitalisten und Fundamentalisten, sie leiden unter unsicheren, ungerechten und unwürdigen Lebensverhältnissen, die nicht zuletzt das Ergebnis einer kriminellen internationalen Arbeitsteilung sind. Wie beim Klimawandel so auch bei der globalen Wirtschafts- und Finanzkrise: Die Reichen verursachen den Großteil des

Schadens, aber die Armen leiden am meisten unter den Folgen. Vor dem Richterstuhl der Vernunft erscheinen sie alle als Mitglieder einer internationalen kriminellen Vereinigung.

Der bürgerliche Widerstand

Die Macht der öffentlichen Meinung

Kant ging zu seiner Zeit davon aus – so in seiner Altersschrift »Zum ewigen Frieden« (1795) –, dass der Weltfrieden eigentlich auch eine Weltregierung voraussetze. Solange diese nicht institutionalisiert sei, müsse eine kritische Weltöffentlichkeit eine Weltfriedensordnung sichern. Kant nennt sie ein »negatives Surrogat«, eine zweitbeste Lösung, auf die bis zur Verwirklichung des Universalstaats zurückgegriffen werden könne. Das heißt, die fehlende globale politische Macht kann durch die Macht der öffentlichen Meinung der Weltbürger ersetzt werden.

Der Mut, eigenständig zu denken, also Aufklärung, setzt Information voraus. Im Medienzeitalter eröffnen sich der Meinungsbildung hier bisher nicht gekannte Chancen. Wahrscheinlich werden in den nächsten zehn Jahren mehr neue Informationen erarbeitet, gedruckt, versendet und ins Netz gestellt als in den zurückliegenden 2500 Jahren seit Demokrit und Aristoteles.

Für den Herrschaftsanspruch der Hardliner in Peking und in Teheran sowie für die klandestine Macht des Kapitals, also der Banken und Versicherungen, ist das Internet gefährlicher als alle anderen Risiken der globalen Wirtschaft und Politik zusammengenommen. Die revolutionären Bewegungen in Nordafrika, aber auch die zivilgesellschaftlichen Vereinigungen in den westlichen Ländern wie die Occupy-Bewegung oder attac werden vor allem durch das Internet inspiriert, ja sogar organisiert, weil es hier per Mausklick möglich ist, innerhalb von wenigen Stunden 10 000 Menschen zu mobilisieren.

Die Fundamentalisten versuchen zwar durch Zensur, den freien Fluss der Informationen zu verhindern. Damit werden sie jedoch auf Dauer keinen Erfolg haben. Auf der Basis des weltweiten Austausches über die Möglichkeiten politischer Emanzipation, die Durchsetzung von Menschenrechten, die Stellung der Frau und die Chancen einer demokratischen Ordnung werden die Menschen die Zustände in ihren Ländern verbessern und neue politische, rechtliche, soziale und wirtschaftliche Strukturen schaffen wollen.

Die Zivilgesellschaft inszeniert sich

Eine immer größere Rolle für eine aufgeklärte Gesellschaft spielen neben den virtuellen die realen Netzwerke, nicht um sich das selbständige Denken abnehmen zu lassen, sondern um die eigene Position mit anderen Sichtweisen zu konfrontieren und auf den Prüfstand der Vernunft zu stellen. Dieser Wissens- und Faktencheck erleichtert die kritische Reflexion eigener Gedanken

auf dem Hintergrund nicht nur technischer und ökonomischer Kenntnisse, sondern ebenso der Geschichte,
der Geisteswissenschaften, der Literatur und Kunst.
Der Durchbruch zu einer aufgeklärten Gesellschaft mit
mündigen Bürgern kann nur von ihnen selber kommen:
»Sapere aude!«

Wenn Menschen, möglichst viele Menschen sich zu-
sammenschließen, um Lösungsvorschläge für bestimmte
Probleme zu entwickeln, dann kommt es zu Selbstinsze-
nierungen der Zivilgesellschaft wie beispielsweise attac.
Attac ist ja keine Kampforganisation gegen die Polizei. In
Frankreich gegründet, ist attac die französische Abkürzung für »association pour la taxation des transactions
financières et pour l'action citoyenne«[43], also eine Organisation, deren erklärtes Ziel es ist, eine internationale
Finanztransaktionssteuer durchzusetzen und für mehr
direkte Demokratie, also Beteiligungsmöglichkeiten der
Bürgerinnen und Bürger zu werben. Attac, BUND, Amnesty International, Terre des Femmes, WWF, Deutscher
Alpenverein, Ärzte ohne Grenzen, Greenpeace, unzählige andere Nichtregierungsorganisationen (NGOs) und
Bürgerinitiativen oder die Occupy-Bewegung als die
modernste Form des Zusammenschlusses von aufgeklärten Menschen sind die Antworten der Zivilgesellschaft
auf die Probleme, wie die Bürgerinnen und Bürger sie
sehen.

Aufbruchstimmung

Es ist eine Aufbruchstimmung im Land erkennbar, eine machtvolle Bewegung zwischen privatistischer Politikabstinenz und autoritärer Politik. Sie hat sich noch nicht überall durchgesetzt. Aber die Bereitschaft, gegen die Herrschaft der Finanzmärkte, die Denkblockaden der Marktgläubigen und die autoritäre Willkür von Behörden zu revoltieren, ist groß. Auch wehren sich bei uns immer mehr Menschen gegen die klerikale Bevormundung sowie diejenigen Praktiken des Islam, die unvereinbar mit unseren Grundwerten sind.

Überall werden Entscheidungen von Verwaltungen, Regierung und Parlamenten, Stadt- und Gemeinderäten und Kreistagen infrage gestellt. Ein Protest jagt den anderen. Noch nie ist das im Grundgesetz geschützte Demonstrationsrecht so intensiv wahrgenommen worden wie heute. Es gibt regelrechte Bürgeraufstände, auch erneute Sitzblockaden und Widerstand gegen die Polizei, die ihrerseits Recht und Ordnung – Law and Order – manchmal auch mit Gummiknüppeln, Wasserwerfern, Pfeffersprays und willkürlichen Verhaftungen durchsetzen will.

»Die Leute gehen nicht mehr wählen, sondern auf die Straße«, lauten die Kommentarüberschriften, oder sie protestieren in den Abfertigungshallen der Flughäfen, weil sie die gebrochenen Versprechungen der Politik nicht mehr hinnehmen wollen und um die Gesundheit ihrer Kinder fürchten, wie bei der Lärmbelästigung durch die neue Startbahn am Frankfurter Flughafen.

Die Phänomene dieses Bürgeraufstandes werden von vielen in Presse und Politik mit Entsetzen betrachtet, wie ein Hurrikan mitten in Westfalen oder Thüringen, wo solche Naturereignisse eigentlich gar nicht hingehören. Aber gab es denn solche Widerstände nicht auch schon früher?

Bürgerproteste früher und heute

1968 gingen die Studenten auf die Straße und in die Hörsäle und skandierten Parolen wie »Unter den Talaren – Muff von 1000 Jahren«. Wegen der Baader-Meinhof-Bande gab es Tote, Flugzeugentführungen und brennende Kaufhäuser. Die Frankfurter Proteste gegen die Startbahn West dauerten jahrelang an. Die gegen den NATO-Doppelbeschluss bzw. die Nachrüstung gerichteten Sitzblockaden vor dem US-Raketenstützpunkt Mutlangen Anfang der achtziger Jahre beschäftigten monatelang die höchsten Gerichte einschließlich des Bundesverfassungsgerichts. Die Auseinandersetzungen um die Wiederaufarbeitungsanlage Wackersdorf entwickelten sich zu bürgerkriegsähnlichen Schlachten zwischen den Demonstranten und der Polizei, und die schon etwas angejahrten Proteste gegen die Atommülltransporte ins Zwischenlager Gorleben dauern bis heute an. Aber es waren auf Jahrzehnte verteilte Widerstände gegen einzelne Großprojekte, und die Mehrheit der Protestierenden rekrutierte sich aus ganz bestimmten

Milieus – der APO und der RAF-Sympathisantensze-
ne – und stellte sich bewusst gegen die parlamentarische
Demokratie.

Heute ist die Protestbewegung in der Mitte der Gesellschaft angekommen und zu einer Massenerscheinung
geworden. Von Russland – wer von den Putin-Gläubigen
hätte das vermutet – bis Tunesien, von Manhattan bis
Stuttgart gehen Zehntausende, ja Hunderttausende auf
die Straße, aus allen Schichten und Milieus. Sie hätten
früher im Traum nicht daran gedacht, gegen den Staat,
die Polizei zu rebellieren. Während damals das meiste
wegen Aussichtslosigkeit des Widerstandes (der vielen
Bürgern ohnehin als suspekt galt) einfach hingenommen
wurde, wird heute gegen alles protestiert und gestreikt,
was den Bürger tangieren kann.

Auch die Betroffenen akzeptieren, dass »Strom-Auto-
bahnen« für CO_2-freie erneuerbare Energien notwendig
sind, die den Windstrom in gewaltigen Mengen von
Norden nach Süden, den Solarstrom von Süden nach
Norden befördern, weil anders die Energieversorgung
der Bevölkerung nicht mehr gesichert werden kann. Sie
anerkennen also die Sachzwänge, aber sie fragen heute
nach den Alternativen und erzwingen die Planung anderer Schneisen für die benötigten Stromtrassen, also von
Varianten, die das Umland nicht zerstören, den Frem-
denverkehr erhalten und die Grundstückspreise zumindest stabilisieren.

Sind das alles zukunftsunfähige Egozentriker, die
nicht über den eigenen Kirchturm hinausschauen kön-

nen, oder vielmehr Leute, die sich im Zeitalter des Internet kein X für ein U mehr vormachen lassen?

Die Volksabstimmung Stuttgart 21

Vier Tage nach der Volksabstimmung über Stuttgart 21 war für bestimmte Kommentatoren klar, wer gewonnen hat: nicht die Idee eines modernen, mitten in der Stadt tiefer gelegten Durchgangsbahnhofs, noch nicht einmal die Deutsche Bahn, obwohl sie an erster Stelle genannt werden müsste. Nein, so ihre Meinung, gewonnen hätten alle guten Deutschen weit über Baden-Württemberg hinaus, so wie sich die Verbandsvertreter der Wirtschaft, die Konservativen in den politischen Parteien, der Presse, der Verlage sie sich vorstellen: die staatstragenden, leistungsfähigen, wirtschaftlich denkenden Menschen, die ordnungsliebenden, auf das geltende Recht, die Behörden und die Verwaltungsgerichte vertrauenden Zeitgenossen, die die repräsentative Demokratie als völlig ausreichende Vertretung des Volkswillens akzeptierten, sich nicht anstecken ließen von antikapitalistischen Parolen, dem Unglauben an die selbstregulierenden Kräfte des Marktes und der Ignoranz der Zweifler und Verhinderer.

Und so wird er an den Pranger gestellt: der nihilistische Blockierer und Baumschützer, der aggressive Besitzstandswahrer und Fortschrittsbremser, der verkappte Terrorist und Altkommunist, der frustrierte Veganer und

Feierabendrevoluzzer, eben der buhende, schreiende, hassende »Wutbürger«. Er soll der große Verlierer sein.

Aber man könnte auch ins Träumen kommen und sich zurückversetzen in das Jahr 1995. Vier Leute – ein Ministerpräsident, ein Bundesverkehrsminister, der Chef der Deutschen Bahn, ein Oberbürgermeister – fliegen im Hubschrauber über das 120 Hektar große, von Bad Cannstatt bis Stuttgart Mitte reichende Gleisvorfeld des Stuttgarter Haupt- und Sackbahnhofs und fassen einen kühnen und genialen Plan. Um die Gleise verschwinden zu lassen und Stuttgart in der Mitte neu zu erfinden, wird der Bahnhof um 90 Grad gedreht, acht Meter tiefer gelegt und in einen Durchgangsbahnhof in der Mitte einer ICE-Schnellstrecke Mannheim-Ulm-München inklusive Stuttgarter Flughafen verwandelt.

Das Konzept wird der Öffentlichkeit vorgestellt. Es beginnt eine öffentliche Diskussion über Pro und Kontra mit einer völlig neuen Form der Bürgerbeteiligung, einem gleichberechtigten Forum aus Projektbefürwortern und Projektgegnern, Ministerpräsident und Bahnchef an einem Tisch mit Grünen und Vertretern der Zivilgesellschaft, mit totaler Transparenz an allen Sitzungstagen, übertragen vom Fernsehen, alle Positionen nachzuverfolgen im Internet. Es geht um Alternativen, zum Beispiel einen Kombi-Bahnhof wie in Zürich oder die Trassierung durch das Fils- und Neckartal, um die Offenlegung der Kosten, begleitet von Informations- und Diskussionsveranstaltungen im ganzen Land und empfehlenden Voten der Parlamente.

Dann erfolgt eine Volksabstimmung. Der Bahnhof, der eine Mehrheit bekommen hat, wird gebaut. Wegen der vorausgegangenen ausführlichen Information und der demokratischen Entscheidung des Volkes gibt es keine wesentlichen Proteste und Einsprüche mehr, der Bahnhof wird zehn Jahre später im Jahre 2008 eingeweiht und in Betrieb genommen.

Nach diesem Verfahren haben die Schweizer den Gotthardtunnel gebaut. So hätte es auch in Stuttgart kommen können. Leider ist dies nur ein Traum. Real war lediglich der geniale Plan von 1995. Aber in Stuttgart ist es halt so gelaufen, wie es in Deutschland meistens läuft und schlecht funktioniert: elitäre politische und ökonomische Entscheidungen, undurchsichtige bürokratische Verfahren, obrigkeitliche Irreführungen, gekaufte Presseberichte, Großdemonstrationen und gewalttätige Auseinandersetzungen mit der Polizei.

Die Verfahrensfehler[44]

Der Aufsichtsrat der Deutschen Bahn hatte sich bereits 2001 auf das Projekt festgelegt, Alternativen wurden überhaupt nicht erörtert. Die Planfeststellungsunterlagen konnten eingereicht werden, und eineinhalb Jahre später wurde das erste Planfeststellungsverfahren beim Eisenbahnbundesamt eröffnet. In den darauffolgenden Jahren wurde das Projekt von allen zuständigen parlamentarischen Gremien mehrheitlich gebilligt und insoweit formal legalisiert. Eine Bürgerbefragung war von der Stadt Stuttgart verhindert worden.

Schon frühzeitig formierte sich Widerstand gegen das Projekt eines Tiefbahnhofs, der sich vor allem im Laufe des Jahres 2010 in massenhaften Demonstrationen mit bis zu 60 000 Teilnehmern äußerte. Der Spalt ging quer durch die gesamte Stadtbevölkerung und bewegte zunehmend ganz Baden-Württemberg. Auch die Befürworter gingen auf die Straße. Am 30. September 2010 eskalierte der Protest. Bei einer Demonstration kam es zur Konfrontation mit der Polizei mit der Folge von über hundert Verletzten, darunter zwei Schwerverletzten, von denen einer erblindete. Diese Entwicklung mit negativem Echo bis in die USA erschütterte die Bevölkerung und die politisch Verantwortlichen. Das Ganze ist nur zu verstehen vor dem Hintergrund des geschilderten dramatischen Vertrauensverlustes der Politik.

Die Eskalation in Stuttgart wurde vor allem befördert durch die massive Kritik an der Art und Weise des Zustandekommens und der Durchführung des Projekts S21. In den Augen vieler Bürgerinnen und Bürger waren nämlich damit mehr ökologische, geologische und finanzielle Risiken als wirtschaftliche Chancen verbunden. Auch die Gefahr der Grundstücksspekulation für die frei werdenden einhundert Hektar Bahngelände sorgte für erhebliche Unruhe. Die Berichte in der Presse über angebliche Optionsrechte für den Erwerb dieser Grundstücke waren monatelang Gegenstand heftigster Diskussionen. Es war ja klar, dass die Grundstückspreise, würde das Gelände zum Verkauf freigegeben, für normale Bürger nicht erschwinglich wären, und also nur Großunternehmen wie Daimler, Bosch oder die Deutsche Bank zum Zuge kämen.

Die Lehren aus der Schlichtung

Im September 2010 wurde mit einer Fachschlichtung, also einem umfassenden Faktencheck – wie im »Traum« geschildert –, etwas nachgeholt, das fünfzehn Jahre früher hätte stattfinden sollen. Dieser Faktencheck war die Grundlage für wichtige Änderungen, die die Akzeptanz des Projekts erhöhten. So entzog die Stadt Stuttgart aufgrund des Schlichterspruches das ganze Gleisgelände der Bodenspekulation, indem sie es in eine Art Stiftung überführte, deren Zweck eine bürgernahe Verwendung der Grundstücke ist.

Vor allem aber schuf der Faktencheck die informative Voraussetzung für die Volksabstimmung im November 2011. Die Protestbewegung hat die Schlichtung, die Volksabstimmung und das neue Verfahren erzwungen. Der sogenannte Wutbürger entpuppte sich in Wirklichkeit als der moderne Aufklärer.

Durch Befreiung aus ihrer selbstverschuldeten Unmündigkeit machten diese Stuttgarter sich fähig zum selbständigen Denken und bildeten sich ein eigenes Urteil, unabhängig von Behörden und formalen Parlamentsentscheidungen. Vor dem Faktencheck waren nur 25 Prozent der Bevölkerung für den neuen Bahnhof und 60 Prozent dagegen. Nach der Schlichtung hatte sich das Verhältnis umgekehrt, entsprach also dem, was bei der Volksabstimmung herausgekommen ist.

Gewonnen hat bei dieser Volksabstimmung vor allem die Einsicht, dass es mit dem bisherigen Procedere in Deutschland so nicht weitergehen kann. Im vorhandenen Baurecht leistet sich Deutschland ein hochbürokratisches Verfahren mit vielen Doppel- und Dreifachprüfungen, unzumutbarem Zeitaufwand und kostspieligen Mehrfachgutachten. Im europäischen Vergleich rangiert Deutschland laut »Süddeutscher Zeitung« in puncto Bürgernähe und Öffentlichkeitsbeteiligung auf den hinteren Plätzen. Und in keinem anderen EU-Staat sind die Ausschlusskriterien so streng: Wer bei uns seine Bedenken nicht innerhalb kurzer Frist vorbringt, bleibt damit für immer außen vor. In den Planfeststellungsverfahren gibt es keine Mitsprache, sondern nur Bescheide von oben.[45]

Deutschland braucht eine Ergänzung der parlamentarischen Demokratie durch eine Verstärkung der unmittelbaren Demokratie sowie eine grundlegende Reform des öffentlichen Planungs- und Baurechts. Die Behauptung, eine stärkere Bürgerbeteiligung gefährde die Realisierung von Großprojekten, ist vollkommen falsch. Eine Fortsetzung der bisherigen obrigkeitlichen Verfahren verbunden mit der Verweigerung echter bürgerschaftlicher Mitwirkungsrechte führt, wie viele Vorgänge der letzten Jahre beweisen, zu massiven Protesten und Auseinandersetzungen, zu erheblichen politischen Verwicklungen und jahrelanger Lähmung der Entscheidungsprozesse. In Stuttgart dauert das Verfahren inzwischen siebzehn Jahre, und mit dem Bau ist noch nicht einmal richtig begonnen worden.

Ohne Nachtflugverbot keine Landebahn

In Stuttgart konnten die schlimmsten Fehlplanungen, wenn auch mit großer Verspätung, auf Druck der Bürgerinnen und Bürger korrigiert werden. Eine solche Lösung wird in Frankfurt nicht möglich sein, da die umstrittene neue Landebahn ja bereits gebaut und in Betrieb genommen wurde. Es geht schon gar nicht mehr nur um das absolute Nachtflugverbot, denn es hat sich gezeigt, dass die Lärmbelästigung auch am Tag katastrophale Ausmaße angenommen hat – wobei die angepeilten 126 Starts und Landungen pro Stunde[46] noch gar nicht erreicht sind. Alle Bemühungen, das Lärmproblem durch technische Maßnahmen zu lösen, sind bislang gescheitert.

Die Wut der Bürgerinnen und Bürger auf die Politik ist groß, denn der langjährige Ministerpräsident in Hessen, Roland Koch, hatte das Projekt der Landebahn mit aller Macht vorangetrieben, aber mit der Garantie versehen, »ein absolutes Nachtflugverbot« von 23.00 bis 05.00 Uhr festzulegen. Kurz vor der Baugenehmigung änderte Koch jedoch seine Meinung und plädierte dafür, »Ausnahmen vom Nachtflugverbot« zuzulassen, wie sie von der Lufthansa aus wirtschaftlichen Gründen verlangt worden waren. Der Hessische Verwaltungsgerichtshof kassierte zwar die entsprechende behördliche Entscheidung, aber die Landesregierung legte dagegen Revision beim Bundesverwaltungsgericht ein – das Urteil ist für das Frühjahr 2012 angekündigt. Das trieb die Erregung auf die Spitze. Inzwischen wird nicht nur ein ausgeweitetes Nachtflugverbot von 22.00 bis 06.00 Uhr gefordert, sondern die grundsätzliche Frage gestellt, wie es möglich sein kann, dass eine Landebahn, die auf beiden Anflugsseiten von Siedlungsgebieten umgeben ist, überhaupt genehmigt werden konnte.

Dabei war die Genehmigung seinerzeit von einem Mediationsverfahren flankiert worden. Doch im Unterschied zur Schlichtungsverhandlung bei Stuttgart 21 wurde die betroffene Bevölkerung hier eben nicht aufgeklärt, sondern falsch informiert. Die Mediation ging von einer wesentlich geringeren Lärmbelastung und dem von Koch zugesicherten absoluten Nachtflugverbot aus als Voraussetzung dafür, dass überhaupt gebaut werden konnte. Insofern ist das Mediationsergebnis obsolet geworden. Die wirtschaftlichen Interessen von Lufthansa und sieben weiteren Logistikunternehmen wurden über die Interessen von Zehntausenden von Menschen im Raum Frankfurt gestellt.

Faktencheck in Zukunft unabdingbar

Auch wenn beim Stuttgarter Schlichtungsverfahren die Fehler nur teilweise repariert werden konnten, kann es »als Prototyp« für andere Projekte gelten. Wichtiges Ziel der Stuttgarter Schlichtung war es, durch den Faktencheck als einer neuen Form unmittelbarer Demokratie wieder ein Stück Glaubwürdigkeit und verloren gegangenes Vertrauen in die Demokratie zurückzugewinnen. Die Schlichtung hat mit dem sachlichen Austausch von Argumenten unter gleichberechtigter Teilnahme von Bürgern aus der Zivilgesellschaft etwas nachgeholt, das schon Jahre früher hätte stattfinden sollen.

Ein solches Vorgehen scheint auch deshalb unabdingbar zu sein, weil das heutige Verfahrensrecht insbesondere bei Großprojekten häufig keine hinreichende Legitimation des Projektes ermöglicht. Dies liegt zum einen an dem langwierigen Procedere und zum anderen daran, dass diese Planfeststellungsverfahren in einem völligen Ungleichgewicht ablaufen, nämlich einer kontradiktorischen Auseinandersetzung zwischen den Projektbefürwortern, also den Unternehmen und Behörden einerseits und den Protestierenden andererseits.

Inzwischen ist klar geworden, dass die Verfahren vor solchen Projekten dialogischer und ergebnisoffener gestaltet werden müssen. Wichtig ist vor allem, dass während der Planfeststellung auch Alternativen geprüft werden und dass diese Prüfung gesondert, also personell wie administrativ getrennt vom Hauptverfahren erfolgt.

Natürlich kann ein solcher Faktencheck nicht die wissenschaftliche Begleitung von Großprojekten ersetzen. Aber die Wissenschaft allein kann die erforderliche Transparenz oft nicht herstellen und ist auch nicht vor Fehlentscheidungen gefeit, wie die Errichtung des Endlagers Asse zeigt, bei der sieben Bundesministerien beteiligt und wissenschaftlich begründet der Auffassung waren, dass kein Wasser eindringen könne. Eine wissenschaftliche Expertise über die Asse hat die Regierung in die Irre geführt.

Es hat sich zudem herausgestellt, dass beim Faktencheck eben nicht nur die technische Dimension des Wissens erweitert und begründet werden muss, sondern auch lebenswirkliche Kontexte zu berücksichtigen sind. Es reicht also nicht aus festzustellen, dass eine geologische Schicht wasserundurchlässig ist oder dass bestimmte technische Vorkehrungen quasi unangreifbar sind. Vielmehr bedarf das gesamte Projekt einer Darstellung, die über das Wissenschaftliche hinausgeht und auf der Basis von Alternativen in der Lage ist, das Vorhaben der Bevölkerung gegenüber richtig zu begründen.

Die Beteiligung von Bürgern kann kein Kriterium für wissenschaftliche Wahrheit sein, das ist richtig, aber ohne Bürger geht es auch nicht mehr. Weder beim Frankfurter Flughafen noch bei Stuttgart 21 ist diese bürgerschaftliche Perspektive, die Einbeziehung der Lebenswelten der Bürgerinnen und Bürger, ausreichend berücksichtigt worden. Die Behauptung, in der Bevölkerung sei nur Halbwissen vorhanden, geht natürlich an der Realität weit vorbei. In einer modernen Mediengesellschaft sind die Menschen mittels Zeitungen, Büchern, Fernsehen und Internet durchaus in der Lage, sich auf der Höhe der Zeit zu informieren.

Vor allem ist die Erkenntnis wichtig, dass durch Widerspruch neue Lösungsvorschläge gefunden werden können. So hat der Widerstand gegen Mülldeponien und Verbrennungsanlagen die Innovation der Kreislaufwirtschaft begründet und der Widerstand gegen die Atomkraft entscheidend zur Förderung alternativer Energien beigetragen.

Diskussion auf Augenhöhe

Der bürgerschaftliche Protest muss aus der gesellschaftlichen Schmuddelecke heraus, forderte Klaus Töpfer bei einer wissenschaftlichen Tagung. Dafür aber muss sich die Einstellung der Verwaltungen ändern. Denn wenn die Bürger vor allem als Störer betrachtet werden, sind Störungen programmiert. Die Verwaltungen müssen ihr Misstrauen gegenüber den Bürgern aufgeben und über Mittel und Wege nachdenken, sie stärker einzubeziehen.

Bei umstrittenen Großprojekten müssen die Projektbefürworter, also die Behörden oder die Unternehmen, vom hohen Ross herunterkommen und auf Augenhöhe mit den Projektgegnern aus der Zivilgesellschaft diskutieren und die Fakten öffentlich austauschen. In

Stuttgart ist das über einen Monat hinweg geschehen. In neun Schlichtungsrunden haben der Ministerpräsident, der Minister, der Bahnvorstand, der Oberbürgermeister und Abgeordnete sich an einen Tisch gesetzt und die Argumente mit den Projektgegnern, dem Aktionsbündnis, den Grünen ausgetauscht. Das wäre damals zwei Monate vorher noch unvorstellbar gewesen. Darüber hinaus hat das Land Baden-Württemberg alle Ausgaben der Projektgegner für Gutachten und Sachverständige übernommen. Das Aktionsbündnis wurde dadurch, wie die »Frankfurter Allgemeine Zeitung« schrieb, zum ebenbürtigen Kontrahenten in der Landespolitik aufgewertet. Diese Form der Finanzierung ist für alle zukünftigen Verfahren unabdingbar.

In der Landtagssitzung vom 6. Oktober 2010 sagte Winfried Kretschmann, der ein halbes Jahr später neu gewählte Ministerpräsident von Baden-Württemberg, an die Adresse der damaligen Landesregierung: »Glauben Sie mir, die Hauptquelle des Protestes ist, dass Sie den Protest gar nicht ernst nehmen und dass Sie denken, die Gegner hätten noch nicht einmal gute Argumente.« Diese Beschwerde musste er nach dem Faktencheck nicht mehr vorbringen.

Der frühere SPD-Bundestagsabgeordnete Peter Conradi konstatierte: »Die Schlichtung hat unser Gewicht in der Öffentlichkeit verändert. Es ist gelungen, so etwas wie ein faires Gegenüber herzustellen.« Und auch Werner Wölfle, der Fraktionsvorsitzende der Grünen im Stuttgarter Gemeinderat, meinte: »Unsere Akzeptanz ist gestiegen, keiner kann mehr sagen, wir wären nur Protestler.« Die Projektgegner hatten bewiesen, dass sie für das von ihnen ausgeübte Demonstrationsrecht gute Gründe hatten. Dies wurde von der anderen Seite anerkannt. Die Debatte wurde auf Augenhöhe geführt.

Die »Wutbürger« erinnern die Kommunen daran, dass die Verwaltungen für die Bürger da sind und nicht umgekehrt. Die Behörden werden eine neuartige Kommunikationsfähigkeit entwickeln müssen. Es wird ohnehin kaum noch eine kommunalpolitische Entscheidung kritiklos akzeptiert. Die Einbeziehung von Sachverständigen ist eine Selbstverständlichkeit. Aber auch die Bürgerinnen und Bürger nehmen es nicht einfach mehr gottergeben hin, sondern schalten sich ein, wenn sie direkt oder indirekt betroffen sind. Sie rechtzeitig zu beteiligen ist unbedingt notwendig, um eine Destabilisierung der politischen Instanzen zu vermeiden.

Totale Transparenz

Einer der Hauptgründe für das Misstrauen gegenüber der Politik ist die wachsende Undurchschaubarkeit der politischen und ökonomischen Vorgänge, wofür die zurückliegende Finanzkrise und die gegenwärtigen Eurokrisen drastische Beispiele sind. Die totale Öffentlichkeit und Transparenz des Faktenchecks war die gewollte Gegenposition zu der weithin praktizierten Geheimhaltung und Konservierung von Herrschaftswissen. Interessant für Beteiligte wie Zuschauer war, dass hier alle Argumente beider Seiten offengelegt und in einen Zusammenhang gebracht wurden. Statt in medialen Statements immer nur Teilaspekte darzustellen, konnte die gesamte Argumentationskette aufgezeigt und nachvollzogen werden, die »storyline«, wie Bahnvorstand Volker Kefer einmal sagte, also die technische Gesamterzählung und der innere Zusammenhang des Vorhabens – und das vor einem Millionen-Publikum.

Die Reaktion des Establishments

Der Widerstand gegen die Protestbewegung wird in erster Linie von den Mitgliedern der finanziellen, politischen und ökonomischen Oberschicht geleistet. Obwohl von der Finanzkrise mit betroffen und auch überrascht, glauben sie dennoch, es könne so weitergehen wie bisher. Sie haben die Überkompetenz des Marktes bis zur letzten Patrone verteidigt, die Wahnidee, den Irrglauben, die »unsichtbare Hand« des Marktes würde alle Probleme von selbst lösen. Aber diese Oberschicht entfernt sich immer mehr von dem allgemeinen Konsens der Bevölkerung.

Das hat sich schon bei der Ökologiedebatte in den Siebzigern gezeigt. Weil die etablierten Parteien die Sorgen der Wählerinnen und Wähler um den Erhalt ihrer Umwelt und ihre Angst vor der Atomkraft ignorierten, kam es zur Gründung einer neuen Partei, den Grünen.

Ihre anfangs von vielen als zu »radikal« oder »weltfremd« etikettierten Positionen fanden sich bald auch in den Programmen der anderen Parteien und führten schließlich dazu, dass die rot-grüne Bundesregierung 2001 – gegen die vehemente Opposition von CDU/CSU und FDP – den Ausstieg aus der Atomkraft beschloss. Im Verein mit den großen Energiekonzernen und in totaler Verkennung der Befindlichkeit der meisten Deutschen in dieser Frage machte die schwarz-gelbe Bundesregierung 2010 diesen Ausstieg aus der Kernkraft wieder rückgängig, nur um ihn – durch Fukushima zur Besinnung gekommen – im Jahr darauf umso konsequenter durchzusetzen.

Die ökologische Bewegung ist ein Lichtblick. Sie hat sich von jahrzehntelanger Unmündigkeit befreit. Sie beugt sich nicht mehr der intoleranten Verwüstung, die von den Kapitalinteressen ausgeht und zu massiven Veränderungen des Klimas und der Ökotope dieser Erde geführt hat. Der Ausstieg aus der Kernenergie und die beschlossene Energiewende in Deutschland war eine der besten Entscheidungen einer Bundesregierung der letzten Jahre und ein Befreiungsschlag moderner Aufklärung.

Aufklärung und Geisteswelt

In den Krisenzeiten der Antike, des Mittelalters, der Renaissance und der Aufklärung haben sich die prophetischen Philosophen wie Aristoteles, Platon, Cicero, Thomas Morus, Erasmus von Rotterdam, Martin Luther, Gotthold Ephraim Lessing, John Locke, David Hume, Montesquieu, Immanuel Kant, Johann Wolfgang Goethe und Friedrich Schiller in die Politik eingemischt und Partei für die Vernunft und die einfachen Leute ergriffen. John le Carré ruft in seiner bereits erwähnten Weimarer Rede dazu auf, es ihnen gleichzutun:

»Die Dichter und Komponisten, die diesen Ort mit ihrem Genie erleuchtet haben, waren nicht duldsam. Sie waren keine Mitläufer. (…) Und dafür lieben wir sie. Wir lieben ihre Angriffe auf Heuchelei und Scheinheiligkeit. Und auf den Missbrauch von Macht. Sie waren gerecht und wütend und hatten Gott sei Dank auch menschliche Schwächen. Was ist nur aus ihrer Wut geworden? Haben wir sie geerbt? Oder haben wir ihnen, indem wir sie verehren, den Stachel gezogen? Wandelt der Geist von Friedrich Schiller heute in Frieden durch diesen Ort? Würde Goethe sich selbst dazu beglückwünschen, dass er – im zweiten Teil des ›Faust‹ (…) – den Zusammenbruch des Währungssystems präzise vorhergesagt hat? (…) Würde Goethe, der Autor der ›Wahlverwandtschaften‹, protestieren gegen den Irrsinn von grenzenloser Ausbreitung in einer Welt mit begrenzten Ressourcen? Würden Eduard und Ottilie den Marsch der Grünen anführen? Wie würde Schiller den Verlust an demokratischen Rechten betrachten, den wir unseren nichtgewählten Meistern in Brüssel und den multinationalen Konzernen, die nirgends zu Hause sind, verdanken?«[47]

Wo bleiben die Stimmen unserer zeitgenössischen

Denker? Wer unterstützt den Wutbürger, den modernen Aufklärer, die Occupy-Bewegung?

Heute wird die Welt bestimmt durch Betriebs- und Volkswirte, die ihre Wissenschaft irrtümlich als eine exakte wie Mathematik und Physik betrachten, und deren Horizont von Angebot und Nachfrage begrenzt wird. Nicht, dass unsere Zeit keine klugen Köpfe, keine großen Denker hätte. Neben anderen wären da Jean-Paul Sartre, Simone de Beauvoir, Bernard-Henri Lévy, Theodor Adorno, Niklas Luhmann, Ernst Bloch und Jürgen Habermas zu nennen. Aber sie alle haben keine Gegenmacht zu dem ökonomischen Absolutismus geschaffen, keine Gegenmacht zu der alles dominierenden Welt der Börsenhändler, Investmentbanker und Marktfetischisten wie Milton Friedman oder Friedrich August von Hayek und den von ihnen abhängigen Politikern.

In diesem Ringen um die Deutungshoheit über die menschliche Entwicklung und die Vorherrschaft der Vernunft, man könnte auch sagen, um den Inhalt der Aufklärung am Anfang dieses Jahrhunderts, spielen die Kirchen keine große Rolle mit Ausnahme des bedeutendsten Theologen Hans Küng, des geistigen Vaters der Konzeption eines Weltethos als Gegenpol zu Fundamentalismus und Kapitalismus.

Die Kraft der Musik

Einzig die schönen Künste eröffnen uns die Welt des wirklichen, lebenswerten Daseins jenseits von Angebot und Nachfrage und verändern nachhaltig das Bewusstsein der Menschen auf der ganzen Erde. Hier sind nicht allein die großen Schriftsteller und Maler gemeint, aufklärerischen Charakter entfaltete in der Geschichte vor allem die Musik samt ihren Komponisten und Interpreten.

Schon Ludwig van Beethoven und Johannes Brahms befreiten sich von der feudalen Abhängigkeit, von den adligen Mäzenen. Robert Schumann und Richard Wagner waren nicht nur musikalische, sondern auch (zumindest temporäre) politische Revolutionäre. Und die wirkungsmächtige Welt der Oper (»Fidelio«, »Der Freischütz«, »Nabucco«, »Die Stumme von Portici«, »Die Dreigroschenoper«) hatte Revolutionen in Italien und Belgien angestoßen. »Die Zauberflöte« war die Oper der Aufklärung.

Natürlich wurde und wird die Musik wegen ihrer emotionalen Wirkung auch missbraucht. Musik ist geeignet, intolerantes, radikales Gedankengut zu transportieren, Nazis und Kommunisten, alle Nationalisten der Welt haben sich das für ihre Marsch- und Arbeiterlieder zunutze gemacht. Aber die große Musik war seit Wolfgang Amadeus Mozart und Ludwig van Beethoven immer progressiv und libertär. Igor Strawinski, Dmitri Schostakowitsch, Sergei Prokofjew, die Zwölftonkom-

ponisten waren bei den Diktatoren allesamt nicht wohl-
gelitten.

Vor dreißig, vierzig Jahren entwickelte sich der afro-
amerikanische Rap, eine beißende, dem Gerechtigkeits-
gedanken verpflichtete musikalische Gesellschaftskritik.
Auch die Rockmusik hatte, im Gegensatz zu Techno,
das auf gigantischen, aber völlig unpolitischen Spaßver-
anstaltungen, den sogenannten Love-Parades, zelebriert
wurde, eine klare Zielrichtung mit einem selbstdefinier-
ten künstlerischen Anspruch. Sie war sowohl Droge als
auch Kunst. Die Heroen des Rock, die Beatles und die
Rolling Stones, Pink Floyd und Genesis, in Deutschland
Udo Lindenberg, Marius Müller-Westernhagen und
Herbert Grönemeyer, haben dreierlei gemeinsam: nämlich absolute Unverwechselbarkeit, ästhetische Origina-
lität und jenen vielleicht hybriden Wahrheitsanspruch,
ohne den große Kunst in der Regel nicht entsteht.

Die Rockmusik spiegelte und befruchtete die großen
gesellschaftspolitischen Debatten Ende der sechziger Jahre. Sie wandte sich gegen die totale Vergemeinschaftung
des Individuums einerseits und kämpfte andererseits für
mehr Solidarität unter den Menschen.

Die Musik und die schönen Künste sprechen nicht
nur den Intellekt an, sondern zielen mitten ins Herz. Sie
kritisieren die herrschenden Zustände, aber dank ihrer
visionären Energie vermögen sie auch, den Menschen
Hoffnung auf Besserung zu geben, ihre Wut aufzuneh-
men und in eine produktive Kraft zur Weltveränderung
zu verwandeln.

Aufklärung jetzt!

Die Zeit der Basta-Politik ist vorbei

In einer Zeit der Mediendemokratie mit ihren vielfältigen Möglichkeiten der Information sowie der Mobilisierung von und Vernetzung mit Gleichgesinnten kann die Demokratie nicht mehr so funktionieren wie im letzten Jahrhundert. Die Zeit der Basta-Politik ist vorbei, auch Parlamentsbeschlüsse werden hinterfragt, vor allem, wenn es Jahre dauert, bis sie realisiert werden. Gleichzeitig wird eine zwingende verfassungsrechtliche Voraussetzung erfüllt. Im Grundgesetz heißt es: Alle Staatsgewalt geht vom Volke aus, sie wird durch Wahlen und Abstimmungen ausgeübt. Bisher legitimierte sich unsere Demokratie durch Wahlen. Und durch Abstimmungen? Fehlanzeige. Das wird sich in der Zukunft ändern, ändern müssen.

Eine Chance für die Demokratie

In der Presse, aber auch in den Parlamenten und Regierungen außerhalb von Baden-Württemberg wurde die Frage gestellt, ob die Bürger in Zukunft der Regierung und den Parlamenten nachträglich in die Parade fahren dürfen und dadurch die repräsentative Demokratie gefährden. Meine Antwort darauf lautet: Die vielfältigen Formen ziviler Bürgerbeteiligung – also etwa die Ökologie-, die Anti-Atomkraft-, die Frauen- und die Occupy-Bewegungen – sind eine Chance für die repräsentative Demokratie und das notwendige Korrektiv zum herrschenden politischen und ökonomischen Absolutismus. Dieser Absolutismus – und nicht der Wutbürger – bedroht die Demokratie, denn die Politik läuft Gefahr, den angeblichen Erfordernissen einer globalen Wirtschaft mehr zu gehorchen als ihren eigenen Wählern. Die politischen Entscheidungen in den demokratischen Ländern repräsentieren oft nicht mehr den Willen der Bürgerinnen und Bürger oder wahren die Rechte von Natur und Erde, sondern die Interessen eines entfesselten Kapitals. Mit der sattsam bekannten Folge, dass die Ungleichheit und Ungerechtigkeit zunehmen, die Armen ärmer und die Reichen immer reicher werden und die Mittelschicht gegen den Abstieg kämpfen muss.

Gerne propagiert die Politik das Ideal des freien und aufgeklärten Bürgers. Aber das sind Lippenbekenntnisse, ruft die Politik den mündigen Bürger doch vor allem dann auf, wenn es darum geht, dass er Einsicht in die Notwendigkeit der neuesten ihm zugedachten Zumutungen zeigen soll. Tut er das nicht, wird er schnell als Querulant, Gestriger, Bremser etc. abgestempelt. Wird er unbequem, mischt sich ein und hinterfragt gar Parlamentsbeschlüsse, heißt es, er gefährde die Demokratie. Dabei beweist er den Mut, von seiner Vernunft öffentlich Gebrauch zu machen. Der Wutbürger, und nicht der Wähler, der sich am Ring in der Nase durch die politische Manege ziehen lässt, ist der wahrhaft aufgeklärte Bürger und unverzichtbarer Bestandteil einer funktionierenden Demokratie, die einer kritischen Öffentlichkeit bedarf und davon lebt, dass die Bürger sich einbringen und notfalls für ihre Belange kämpfen!

Die direkte Bürgerbeteiligung

Damit die Politiker bei der Verabschiedung von großen Projekten die Interessen der Wählerinnen und Wähler kennen und angemessen berücksichtigen, schlage ich deshalb das folgende Modell für eine direkte Bürgerbeteiligung vor:

In Umkehrung der bisherigen Verfahren steht am Anfang eines Vorhabens die Formulierung des Zieles eines Projektes, also einer Brücke, eines Flughafens, eines Bahnhofs. Der Plan bzw. die Idee ist Gegenstand einer allgemeinen öffentlichen Erörterung einschließlich der Diskussion von Alternativen, vor allem durch Faktenchecks, Mediation und andere Formen informativer Bürgerbeteiligung.

Danach erfolgt die Grundsatzentscheidung: Das Projekt und seine Alternativen werden zur Abstimmung gestellt. Diese kann in Form einer Volksinitiative, eines Volksbegehrens oder eines Volksentscheids erfolgen, oder die Entscheidung wird von den Parlamenten, Kreistagen, Stadt- und Gemeinderäten getroffen.

Dieses Verfahren verhindert eine Emotionalisierung der Debatte und trägt nicht nur zur Versachlichung der Diskussion bei, sondern ermöglicht jedem interessierten Bürger im besten Sinne der Aufklärung die Bildung eines eigenen Urteils.

Danach beginnt die detaillierte Planung, beispielsweise die Trassenführung, mit möglichen Alternativen. Diese werden gleichfalls öffentlich erörtert, in gestrafften Planfeststellungsverfahren geprüft und schließlich endgültig entschieden.

Auch nach der Abstimmung müssen die Beschlüsse und deren Realisierung, vor allem wenn diese Jahre dauert, immer wieder in der Öffentlichkeit begründet und erläutert werden. Der Faden zwischen den verantwortlichen Projektträgern und den Bürgerinnen und Bürgern darf nicht reißen.

Für den Beginn des Verfahrens und die Einhaltung der Verfahrensregeln kann ein Schlichter bzw. Ombudsmann oder Moderator durch die jeweiligen Parlamente bestimmt werden, der für einen fairen Verfahrensablauf zu sorgen hat und je nach Auffassung der Beteiligten auch ein Votum abgeben kann. Die Zivilgesellschaft wird von den Protagonisten der vorhandenen und sich neu bildenden Bürgerinitiativen (Selbstinszenierung der Zivilgesellschaft) vertreten.

Ein solcher Vorschlag ist prinzipiell geeignet, den Konsens für ökonomische, soziale und technologische

Projekte in der Bürgerschaft herbeizuführen und zu stärken und dadurch auch die Verfahren selber zu beschleunigen.

Ich bin der Auffassung, dass in einer demokratischen Gesellschaft Protest und Kritik nicht als Störung, sondern als unverzichtbare Voraussetzung für eine fortschrittliche, qualitativ hochstehende technische und gleichzeitig humane Entwicklung angesehen werden müssen.

Der »Wutbürger« – ein Glücksfall der Aufklärung

Es ist klar: Die Wutbürger lassen sich nicht mehr alles gefallen. Sie erleben, dass ihr Geld, der Euro, von internationalen Spekulanten gefährdet wird, dass demokratisch gewählte Politiker offenbar die schamlosen Boni von Investmentbankern nicht begrenzen und die täglichen Billionenumsätze von Börsenspekulanten nicht besteuern können. Sie sehen sich bürokratischen Staatsdienern gegenüber, die mündlich und schriftlich ein amtlich verhunztes Deutsch sprechen, das sie oft nicht verstehen können. Die Behörden organisieren Planfeststellungsverfahren, in denen die Leute Bescheide von oben, aber keine echten Beteiligungsmöglichkeiten bekommen. Bäume werden von der Staatsgewalt diskussionslos abgeholzt, Staatsanwälte stellen unschuldige Leute an den Pranger, und demonstrierende Krankenschwestern werden erkennungsdienstlich erfasst.

Viele Leute haben die Nase einfach voll. Wer nicht weiß, ob die Politik sich gegen die Finanzmärkte überhaupt durchsetzen kann, ob demokratisch gewählte Politiker von Ratingagenturen de facto abgesetzt werden dürfen, ob die Demokratie eine Chance hat gegen die Herrschaft der Märkte, fühlt sein Geld, seine Familie und seine Existenz bedroht und ist dann nicht mehr ohne weiteres bereit, Baustellen in der Nachbarstraße, eine Starkstromleitung über seinem Haus oder einen Großflughafen in seiner Nachbarschaft zu akzeptieren; denn er weiß ja nicht, von wem diese gigantischen Investitionsprojekte letztendlich bestimmt werden, welche Interessen sich damit verbinden, wer daran Geld verdient. Seit zwanzig Jahren wird ihm die Ohnmacht der Politik gegenüber den Märkten, den Brokern, den Investmentbankern und Spekulanten vorgeführt, die weitermachen, als ob nichts geschehen wäre, und nicht für die von ihnen angerichteten Schäden haftbar gemacht werden.

Der sogenannte Wutbürger, der angeblich nur an sich denkt, fragt sich, warum bis heute die CDOs, die ABS, die CDS weder verboten noch wirkungsvoll reguliert sind. Es gibt immer noch keine Finanztransaktionssteuer und keine gesetzlichen Beschränkungen der maßlosen Boni von Investmentbankern. Und sprechen nicht angesehene Wissenschaftler wie Professor Max Otte aus Worms von den weltweit agierenden Investmentunternehmen und Ratingagenturen bereits als einem »System des Bösen«[48]? Die mächtigen Ratingagenturen, die als angelsächsisches Kartell den kriminellen Finanzderivaten ihren Bonus-Stempel aufgedrückt haben, machen einfach weiter und zensieren demokratische Staaten.

Weil die Leute das Vertrauen in die Politik verloren haben, wollen sie ihre Angelegenheiten selber in die Hand nehmen. Sie schlucken nicht mehr brav eine Zumutung nach der anderen, sondern begehren auf, streben danach, sich umfassend zu informieren, und gelangen so zu eigenen, unabhängigen Urteilen. Sie tun sich mit Gleichgesinnten zusammen, erheben Einspruch, erkunden Alternativen und fordern Korrekturen. Kurzum: Sie befreien sich endlich aus ihrer Unmündigkeit. Und sie beweisen die nötige Entschlusskraft und den Mut, sich ihres neu erworbenen Verstandes öffentlich zu bedienen. Die Wutbürger sind keine Gefährdung, sondern eine Chance für die repräsentative Demokratie, ein notwendiges Korrektiv für diejenigen parlamentarischen Entscheidungen, bei denen die Interessen der Bürgerinnen und Bürger nicht angemessen berücksichtigt werden. Die Politik sollte sie willkommen heißen und im Verbund mit ihnen das Projekt der Aufklärung vollenden!

Noch nie in der Weltgeschichte stand die Menschheit vor einer radikaleren Alternative: Entweder wir ändern uns und unsere Zivilisation, oder wir sterben. Die endzeitlichen Absolutismen der Gegenwart stehen vor dem Richterstuhl der Vernunft. Die Ziele des Kapitalismus – die ständige Steigerung der Produktion und des Wachstums, die einseitige Vermehrung des Konsums und die Akkumulation des Kapitals – können nur durch die fortschreitende Ausbeutung der Menschen, der Erde, ihrer Bodenschätze, ihrer Ackerflächen, ihrer Wälder, ihres Wassers, die Zerstörung der Artenvielfalt und der Ökosysteme erreicht werden. »Auf Vernichtung läuft's hinaus«, sagt Mephisto, und der Kapitalismus ist die Vernichtungsmaschine.

Dieses Urteil zu fällen ist die Aufgabe der modernen Aufklärung, müsste die Predigt der Weltreligionen sein, wenn sie denn endlich aufgeklärt wären, und der Inhalt einer aufgeklärten Bürgerdemokratie. Wir Menschen müssen uns befreien von unseren selbsternannten Vormündern, und unsere Augen, den Verstand und die Herzen öffnen für ein anderes Leben, nicht ein immer besseres, aber ein gutes Leben, das für alle möglich ist auf einer erneuerten Erde. Nicht die Vermehrung der Habe, sondern die Verringerung der Wünsche ist der rettende Weg (Epiktet). Die Zeit des Vertuschens, der Beschwichtigungen, der Halbwahrheiten und Lügen ist vorbei, die Aufklärung ist in vollem Gange.

Anmerkungen

1 Siehe Hilmar Kopper, Georg Mascolo, Thomas Tuma, »Geld braucht Gesetze: SPIEGEL-Gespräch«, *Der Spiegel* vom 23. 12. 2011.

2 Max Otte, *Informationscrash*, Berlin 2009. Diesem Buch verdanke ich auch den Hinweis auf »Die Forelle« (vgl. oben S. 16).

3 Immanuel Kant, »Beantwortung der Frage: Was ist Aufklärung?«, *Berlinische Monatsschrift*, Dezember 1784, S. 481.

4 Georg Wilhelm Friedrich Hegel, »Phänomenologie des Geistes« (1807), *Werke in 20 Bänden*, Band 3, Frankfurt 1970, S. 417–436.

5 Siehe Friedrich Engels, »Die Entwicklung des Sozialismus von der Utopie zur Wissenschaft«, *Marx Engels Werke*, Band 19, Berlin 1962, S. 192–193.

6 Siehe Max Weber, »Wissenschaft als Beruf« (1919), *Max Weber. Schriften 1894–1922*, hrsg. von Dirk Kaesler, Stuttgart 2002, S. 488.

7 Max Horkheimer/Theodor W. Adorno, *Dialektik der Aufklärung. Philosophische Fragmente* (1947), zitiert nach: Max Horkheimer, *Gesammelte Schriften*, Band 5, Frankfurt 1987, S. 31.

8 Jürgen Habermas, *Strukturwandel der Öffentlichkeit. Untersuchungen zu einer Kategorie der bürgerlichen Gesellschaft* (1962), 5. Auflage, Neuwied/Berlin 1972.

9 Vgl. mein Vorwort zu Tahar Ben Jellouns Kinderbuch *Papa, woher kommt der Hass? Gespräch mit meiner Tochter* (Berlin 2005).

10 Paul de Saint-Victor, »Der heilige Haß« (Kapitel XIX von *Barbares et bandits. La Prusse et la commune* von 1871), zitiert nach: Michael Jeismann/Henning Ritter (Hg.), *Grenzfälle. Über neuen und alten Nationalismus*, Leipzig 1993.

11 Siehe Uwe Jean Heuser, »Geld, Freiheit, Ideologie«, *Die Zeit* vom 13. 11. 1992.

12 Immanuel Kant, »Anthropologie in pragmatischer Hinsicht« (1789), *Gesammelte Schriften (Akademie-Ausgabe)*, Band VII, S. 215.

13 John le Carré, »Goethe ginge heute auf die Barrikaden«, *Frankfurter Allgemeine Zeitung* vom 29. 08. 2011.

14 Siehe Umweltbundesamt, Presseinformation Nr. 58/2011.

15 FAO, *Agriculture towards 2010*, Rom 1994.

16 Karl Marx, Friedrich Engels, »Manifest der kommunistischen Partei«, *Marx Engels Werke*, Bd. 4, S. 468.

17 Vgl. die Aussagen des Essener Bischofs Franz-Josef Overbeck in der ARD-Sendung »Anne Will« vom 11. 04. 2011.

18 Siehe http://www.bischofskonferenz.at/content/site/home/article/325.html sowie http://www.ekd.de/aktuell_presse/pm86_2006_ekir_wm_zwangsprostitution.html, beides abgerufen am 15. 01. 2012.

19 Siehe Terre des Femmes: http://frauenrechte.de/online/index.php/themen/tdf-positionen/tdf-allgemein/783-wir-sagen-nein-zur-rede-des-papstes-im-bundestag-der-papst-kommt-wir-gehen-auf-die-strasse.html, abgerufen am 22. 01. 2012.

20 Siehe Radio Vatikan / *Osservatore Romano*-Meldung vom 15. 03. 2009.

21 Siehe Pressemeldung des DIHK vom 08. 03. 2011.

22 Mukhtar Mai, *Die Schuld, eine Frau zu sein*, München 2006.

23 Mukhtar Mai jedoch ging an die Öffentlichkeit und kämpf-

te, zuerst mit Erfolg: Die vier Vergewaltiger wurden zum Tode verurteilt, die Strafe dann in lebenslängliche Haft umgewandelt. Doch im April 2011 hat der Oberste Gerichtshof Pakistans die Männer wegen »nicht ausreichender Beweise« freigesprochen. Seitdem lebt Mukhtar Mai in Angst vor Vergeltung. Siehe hierzu Hasnain Kazim, »Der verlorene Kampf der Mukhtaran Mai« vom 23. 04. 2011 auf *Spiegel Online.*

24 Siehe http://todesstrafe-nachrichten.jimdo.com/archiv-suche/oktober-2008/, abgerufen am 20. 01. 2012.

25 Waris Dirie, *Wüstenblume. Autobiographie*, München 2007.

26 Siehe Deutscher Bundestag, »Antwort der Bundesregierung auf die Kleine Anfrage (…) vom 8. Mai 2006, zum Thema ›Schutz von Frauen und Mädchen vor der Verstümmelung weiblicher Genitalien‹«, *Drucksache* 16/1391, S. 2.

27 *Time Magazine* vom 04. 08. 2010.

28 Mathieu von Rohr, »Die Ikone«, *Der Spiegel* vom 09. 08. 2010.

29 Die Rückständigkeit der arabischen Staaten mit Schwerpunkt auf dem Bereich Wissen, Bildung und Forschung wird gut dokumentiert im *Arab Human Development Report* von 2003.

30 Siehe Frederik Fischer, »Ägypten: Die frauenfeindliche Revolution«, http://blog.zdf.de/hyperland/2011/11/aegypten-die-frauenfeindliche-revolution/, abgerufen am 20. 01. 2012.

31 Siehe http://www.altmuslimah.com/a/b/a/3448/ – auch Amnesty International beziffert die Strafe auf 3 Jahre und 15 Peitschenhiebe, die pakistanische *Daily Times* vom 05. Januar 2010 nennt die Höchststrafe von 100 Peitschenhieben, die dann in 5 Jahre Gefängnis umgewandelt worden sei.

32 Vgl. Gabriele Venzky, »Im Namen Allahs«, *Die Zeit* vom 01. 11. 1996.

33 Alain Finkielkraut, *Die Niederlage des Denkens*, Reinbek 1997, S. 111.

34 Siehe http://www.imdialog.org/bp2010/04/info.htm, abgerufen am 22. 01. 2012.

35 Die Ergebnisse sind Teil der Trendstudie, die im September 2011 gemeinsam mit dem Nachhaltigkeitsbericht der Otto Group veröffentlicht wurde.

36 Laut den Statistikreferaten des Kirchenamts der EKD und der Deutschen Bischofskonferenz, siehe auch www.kirchenaustritte.de.

37 Nina Bovensiepen, »Der Deutschen größte Angst«, *Süddeutsche Zeitung* vom 26. 07. 2005: »Eine Studie des Marktforschungsinstituts GfK hat jetzt ergeben, dass 81 Prozent der Deutschen die Arbeitslosigkeit als drängendstes Problem empfinden.«

38 Gerhard Stadelmaier, »(Schiller)«, *Frankfurter Allgemeine Zeitung* vom 05. 05. 2005.

39 Guido Westerwelle, »An die deutsche Mittelschicht denkt niemand«, *Die Welt* vom 11. 02. 2010.

40 Michael Naumann, »Auch die Linken haben nichts geahnt«, *Frankfurter Allgemeine Sonntagszeitung* vom 28. 08. 2011.

41 Zitiert nach Hasso von Recum, *Steuerung des Bildungssystems: Entwicklung, Analysen, Perspektiven*, Berlin 2006, Seite 87.

42 Siehe Heribert Prantls Rede »Zivilgesellschaft ist vitaler Verfassungsschutz« an der Universität Tübingen im Jahr 2004, zu lesen auf http://www.uni-tuebingen.de/uni/nas/rede/prantlrede.htm, abgerufen am 28. 01. 2012.

43 Bei attacs Gründung 1998 stand die Abkürzung noch für »association pour une taxation des transactions financières pour l'aide aux citoyens«, seit 2009 gilt die erweiterte Definition.

44 Vgl. meine Feststellungen in der Schlichtung.

45 Siehe Heribert Prantl, »Bürgerproteste? Basta!«, *Süddeutsche Zeitung* vom 08. 01. 2011.

46 Laut Eigenwerbung von FRAPORT, siehe: http://frankfurt-interaktiv.de/frankfurt/wirtschaft/airport/flughafen.html, abgerufen am 22. 01. 2012.

47 John le Carré, »Goethe ginge heute auf die Barrikaden«, *Frankfurter Allgemeine Zeitung* vom 29. 08. 2011.

48 So z. B. in einem Gastvortrag auf dem Balinger Bürgertreff im Januar 2011, siehe Klaus Irion, »Loblied auf die Mittelständler«, *Zollern-Alb Kurier* vom 17. 01. 2011.

Stéphane Hessel
Empört Euch!

Aus dem Französischen von Michael Kogon
32 Seiten. Paperback
ISBN 978-3-550-08883-4
www.ullstein-verlag.de

»Neues schaffen heißt Widerstand leisten. Widerstand leisten heißt Neues schaffen.«

Stéphane Hessels Streitschrift bewegt die Welt. Mit eindringlichen Worten ruft er zum friedlichen Widerstand gegen die Ungerechtigkeit in unserer Gesellschaft auf. Gegen die Diktatur des Finanzkapitalismus, gegen die Unterdrückung von Minderheiten, gegen die Umweltzerstörung auf unserem Planeten.

»Warum 3,99 Euro für diese dreißig Seiten hinlegen? Weil man dafür ein Lebenselexier erhält, eine Erinnerung an das Beste in uns.« *FAZ*

»Empört Euch! wiegelt nicht wirklich auf – es berührt.« *Deutschlandradio Kultur*

Markus Gabriel
Warum es die Welt nicht gibt

272 Seiten. Gebunden mit Schutzumschlag
ISBN 978-3-550-08010-4
www.ullstein-verlag.de

»Eine großartige Gedankenübung.« *Slavoj Žižek*

Woher kommen wir? Sind wir nur eine Anhäufung von Elementarteilchen in einem riesigen Weltbehälter? Und was soll das Ganze eigentlich?

Die Welt gibt es nicht. Aber das bedeutet nicht, dass es überhaupt nichts gibt. Mit Freude an geistreichen Gedankenspielen, Sprachwitz und Mut zur Provokation legt der Philosoph Markus Gabriel dar, dass es zwar nichts gibt, was es nicht gibt – die Welt aber unvollständig ist. Wobei noch längst nicht alles gut ist, nur weil es alles gibt. Und Humor hilft durchaus dabei, sich mit den Abgründen des menschlichen Seins auseinanderzusetzen.

Michael J. Sandel
Was man für Geld nicht kaufen kann

Die moralischen Grenzen des Marktes
Aus dem Amerikanischen von Helmut Reuter
304 Seiten. Gebunden mit Schutzumschlag
ISBN 978-3-550-08026-5
www.ullstein-verlag.de

»Ein aktueller, überall heftig diskutierter Bestseller.« *FAZ*

Darf ein Staat Söldner verpflichten, um Kriege zu führen?
Ist es moralisch vertretbar, Leute dafür zu bezahlen, dass
sie Organe spenden? Eignen sich Lebensversicherungen
alter und kranker Menschen als Spekulationsobjekte für
Investoren? Dürfen Unternehmen gegen Geld das Recht
erwerben, die Luft zu verpesten?
Fast alles scheint heute käuflich zu sein. Wollten wir das
so? Und was könnten wir dagegen tun?

»Ein Plädoyer gegen die immer stärker um sich greifende
Kommerzialisierung aller Lebensbereiche.«
ttt – titel thesen temperamente

ullstein